Claudia Grötzebach (Hrsg.)

Trainieren mit Herz und Verstand

Einführung in die
suggestopädische Trainingspraxis

GABAL TrainerPraxis

Bibliografische Information der Deutschen Bibliothek

Die Deutsche Bibliothek verzeichnet diese Publikation
in der Deutschen Nationalbibliografie; detaillierte
bibliografische Informationen sind im Internet über
<http://dnb.ddb.de> abrufbar.

ISBN 3-89749-596-1

Lektorat: Dr. Michael Madel, Ruppichteroth
Umschlaggestaltung: +malsy Kommunikation und Gestaltung, Willich
Satz und Layout: Das Herstellungsbüro,
Hamburg, www.buch-herstellungsbuero.de
Druck und Bindung: Salzland Druck, Staßfurt

www.gabal-verlag.de
www.gabal-shop.de

Inhalt

Vorwort

Ihnen einen guten Tag und meinen Glückwunsch zum Kauf dieses Buches! Ich weiß, das klingt ein wenig ungeniert, aber ich glaube tatsächlich, Sie haben da ein gutes, substanzielles Buch zum Thema „Training und Unterricht" in der Hand.

Eigentlich habe ich mit diesem Werk nur mein ganz persönliches Bedürfnis befriedigt, denn ich wollte endlich einmal ein Buch haben, in dem sich die Autoren konkret und praxisnah zu den verschiedenen Elementen der Suggestopädie äußern – und bei allen Buchempfehlungen, die ich geprüft habe, fand ich keine Antwort auf meine Fragen: Wie funktioniert das Arbeiten mit der Suggestopädie und ihren Bestandteilen? Wie komme ich aus dem Dickicht der zuweilen schwammigen und manchmal sogar widersprüchlichen Begriffe heraus? Das waren meine Fragen – und Ausgangspunkt für dieses Buch.

Arbeiten mit der Suggestopädie

Fast 30 Kolleginnen und Kollegen, die alle Mitglieder der DGSL e. V. (Deutsche Gesellschaft für Suggestopädisches Lehren und Lernen gem. e. V.) sind, haben sich in der Zeit von Juni bis Oktober 2005 bereit erklärt, ihr Wissen und ihr Verständnis zu Aspekten der suggestopädischen Arbeitsweise zu Papier zu bringen, um Ihnen eine der wundervollsten, effektivsten und anspruchsvollsten Methoden nahe zu bringen, Menschen etwas zu lehren.

Ich bin ihnen sehr dankbar für die Informationen und Anregungen, die sie mir in diesen Artikeln und den persönlichen Gesprächen geschenkt haben, für die Geduld, mit denen sie meine (Verbesserungs-?)Vorschläge aufgenommen und den Termindruck ausgehalten haben. Wenn Sie Schwächen oder Unzureichendes finden, so kreiden Sie es bitte mir, der Herausgeberin, an.

Ich hoffe, es ist uns gelungen, Ihnen Antworten auf Ihre Fragen zur Suggestopädie und zum aktivierenden Lehren zu geben. Besonders hoffe ich, dass es uns mit diesem Buch gelingt, etliche der Vorurteile, mit denen die Suggestopädie zu kämpfen hat, abzubauen. Denn viele denken bei dem Begriff an „suggerieren, etwas unterjubeln, manipulieren". Doch mit

Aktivierendes Lehren

all dem hat Suggestopädie nun wirklich nichts zu tun, denn Wertschätzung, Achtung und Respekt vor dem Menschen und Transparenz in unserem Denken und Tun sind grundlegende Werte der Suggestopädie. Sie verbieten jegliche Form der Manipulation im Training. Deswegen würde ich mich ganz besonders freuen, wenn wir Sie für die suggestopädische Arbeitsweise begeistern könnten.

Effektive Trainingsform

Ich selbst bin Suggestopädin aus Überzeugung, weil es – meines Erachtens – nicht nur die effektivste Form des Trainings und Unterrichts ist, sondern auch, und zwar entgegen vieler Assoziationen, die transparenteste Form zu trainieren ist. Zu jedem Zeitpunkt kann ein Suggestopäde erklären, was er tut und warum er es tut – und er ist auch bereit dazu. Suggestopädie ist kein Spielchentraining, sondern kommt unter anderem auch über das Spielen zum Erfolg. Zum Besten Ihres Teilnehmers und damit auch zu Ihrem Besten.

Wie aber können Sie mit diesem Buch arbeiten? Nun: Wir haben die wesentlichen Elemente und Bausteine der Suggestopädie aufgegriffen und in einzelnen Artikeln erläutert. Sie können dieses Buch von vorne bis hinten durchlesen, Sie haben aber auch die Möglichkeit – und daran lag mir ganz besonders – einzelne Begriffe in dem jeweiligen Artikel nachzuschlagen. Die Seitenanmerkungen helfen Ihnen dabei.

Facettenreichtum der Methode

Sie werden feststellen, dass sich die Inhalte teilweise überschneiden und sich die Artikel stilistisch unterscheiden. Ursprünglich war das so nicht geplant, doch während ich die verschiedenen Artikel gegengelesen habe, stellte ich fest, dass gerade darin eine Stärke dieses Buches liegt. Denn so sind Sie es, der sich über diese Verschiedenheit und über diese Überschneidungen den passenden Zugang zu vielen Themen selbst suchen kann. Wenn es vielleicht bei dem einen Artikel „noch nicht schnackelt", dann können Sie das Thema zumeist an anderer Stelle noch einmal vertiefen oder sich einen anderen – für Sie vielleicht verständlicheren – Zugang zu ihm verschaffen. Zugleich zeigt die Verschiedenartigkeit, in der sich die Autoren ihr jeweiliges Thema erschließen und es darstellen, den Facettenreichtum, der der Methode innewohnt.

Aufbau des Buches

Sie werden in jedem Beitrag eine Erklärung des Gegenstandes und Themas finden und erläutert bekommen, wie es im suggestopädischen Training eingesetzt wird. Wir haben auch durchgehend versucht, Ihnen Beispiele an die Hand zu geben, sodass Sie alle Elemente mit Ihrer persönlichen Arbeitsweise verknüpfen können.

Dieses Buch kann keine suggestopädische Grundausbildung ersetzen, aber es wird Ihnen hilfreiche Tipps mit auf den Weg geben und unsere Denkweisen, Absichten und Methoden erläutern.

Gestatten Sie mir noch einige Hinweise: Aus Gründen der besseren Lesbarkeit habe ich die Autorinnen und Autoren darum gebeten, auf die durchgehende doppelgeschlechtliche Anrede zu verzichten. Wenn also von „der Trainerin" die Rede ist, ist auch „der Trainer" mitgemeint; wenn vom Teilnehmer gesprochen wird, auch die Teilnehmerin. Die männliche oder weibliche Form ist jeweils eingeschlossen.

Um den Lesefluss nicht zu stören, haben wir des Weiteren auf Fußnoten und allzu detaillierte Literaturangaben in den Beiträgen verzichtet. Wenn ein Buchautor zitiert wird, ist es möglich, über den Autorennamen und das Literaturverzeichnis die entsprechende Zitatquelle ausfindig zu machen.

Und jetzt wünsche ich Ihnen viel Freude und persönlichen Gewinn mit den nachfolgenden Artikeln für ein Training „mit Herz und Verstand".

Claudia Grötzebach (Herausgeberin)
im November 2005

1

Die Grundlagen der Suggestopädie

Einleitung: Brauchen wir die Suggestopädie?

von Margit Hertlein

Brauchen wir die Suggestopädie? Eine berechtigte Frage. Robert Fulton, ein US-Ingenieur, war der Erfinder des ersten wirtschaftlich erfolgreichen zuverlässigen Dampfschiffs. Nach vielen Vorbereitungen war es so weit, dass er sein Boot testen konnte. Am Ufer beobachtete eine Menschenmenge, wie die Techniker noch an den Maschinen bastelten. Eine ganze Reihe von Skeptikern meinte: „Das fährt doch niemals!", und das riefen sie den Technikern auch lautstark zu. Endlich, inmitten von Dampf und sprühenden Funken, begann sich das Boot flussaufwärts zu bewegen. Die Menschen am Ufer waren still. Aber nur kurze Zeit. Dann brüllten sie: „Das kriegt ihr nie mehr zum Stehen!"

Vorurteile gegen die Suggestopädie

Wer mit suggestopädischen Methoden arbeitet, der kennt wahrscheinlich die Rufer am Flussufer. Rufer, die sich bei Wörtern wie „Superlearning" schütteln und von der Manipulation des Lernenden künden, die Musik bei Lerneinheiten suspekt finden, Bewegungsübungen und Tänze für einen ausgemachten Krampf halten und fragen, wer denn so viel Zeit für aufwendige Raumgestaltung und Lernmaterialien hat.

Neue technische Methoden, wie das Dampfboot oder die erste Eisenbahn, brauchen zwar etwas Zeit, bis ein Großteil der Menschen sie in ihr Erfahrungsfeld als selbstverständlich integriert hat. Beim Dampfschiff hat es immerhin 20 Jahre gedauert, bis diese Antriebsart akzeptiert wurde. Aber Methoden und Ideen, die das Verhalten von uns Menschen verändern wollen – und Lernen ist ein ganz wesentliches menschliches Verhalten –, haben es sehr schwer, anerkannt, gelebt oder gar geliebt zu werden. W. Beveridge, ein amerikanischer Wissenschaftler, meinte dazu, dass „der menschliche Verstand eine ungewohnte Idee so wenig mag wie der Körper ein ungewohntes Protein und sich dagegen mit einer ähnlich starken Energie wehrt."

Ungewohnt ist die Suggestopädie noch immer, auch wenn Firmen wie IBM oder Hewlett-Packard Seminare suggestopädisch aufbereiten und es mittlerweile genügend Schulprojekte mit suggestopädischem Hintergrund gibt. Aber neu ist die Suggestopädie nicht. Sie ist kein wankelmütiger Teenager mehr, sondern – wie es in der Werbung so schön heißt – ein „best ager": in den besten Jahren und trotzdem erfrischend jung geblieben. Das kann man immer wieder spürbar erfahren, wenn bei Kongressen mit Lust und Laune der suggestopädische Kreislauf vorgestellt wird oder Seminarteilnehmer mit blitzenden Augen und geröteten Wangen Lernposter gestalten.

Methode setzt sich durch

Drei „Neins" machen ein „Ja"

Aber zurück zur Ausgangsfrage „Brauchen wir Suggestopädie?". Die Antwort lautet „Nein", wenn wir Lernen als Möglichkeit verstehen, richtig hart zu arbeiten. In der deutschen Sprache gibt es das Sprichwort „Ohne Fleiß kein Preis", und in diesem Sprichwort ist keine Rede von Freude oder spielerischem Lernen. Machen Sie die Probe aufs Exempel. Welcher Schüler wird wohl eher Pluspunkte bekommen? Der Schüler, der mit Stirnrunzeln, zusammengekniffenen Augen, den Stift fest in der Hand, konzentriert auf sein Blatt sieht und schreibt? Oder der Schüler, der mit einem Lächeln auf den Lippen seine Mimik entspannt, die Augen hin und wieder zur Decke schweifen lässt und dann weiter lächelnd schreibt? Meistens doch wohl der Schüler, der sich anstrengt. Ein Beispiel aus meiner Schulzeit habe ich noch gut in Erinnerung. Im Kunstunterricht sollte das Thema „Kampf" gestaltet werden. Wir machten uns an die Arbeit und ich hatte sehr schnell meine Idee, und die Umsetzung ging dann recht zügig, weil ich eine Collage mit einfachen Mitteln gestaltete. Ich gab also schon nach einem Viertel der vorgegebenen Zeit ab. Ich war schließlich fertig. Als die Noten bekannt gegeben wurden, sagte mein damaliger Kunstlehrer: „Du warst so schnell fertig, da kannst du dir ja nicht wirklich Mühe gegeben haben. Deshalb gibt es eine Drei."

Und was ist mit den Erwachsenen? Ist es im Berufsleben so anders? Seminare sollen Spaß machen, ja, ja, aber doch nicht gleich so viel Spaß. Und Suggestopädie arbeitet eben nicht in erster Linie mit Anspannung und Anstrengung, sondern unter anderem mit Musik, Spiel, Bewegung und eben Spaß. Und das macht die Suggestopädie verdächtig. Was soll schon dabei herauskommen, wenn sich Menschen entspannt zurücklehnen und bei angenehmer Musik Lerninhalte anhören und danach komische Bilder zeichnen, die Mind-Maps genannt werden! Mit dem Sprichwort „Ohne

Musik, Spiel, Bewegung, Spaß

Fleiß kein Preis" im Kopf muss die Vorstellung, dass Suggestopäden unter Lernen etwas Lustvolles und Effektives verstehen, wirklich verstörend wirken. Ich habe schon genügend Vorbesprechungen zu Seminaren erlebt, in denen mit ernster Miene darauf hingewiesen wurde, dass die Mitarbeiter alle hochgebildet und hochanalytisch veranlagt seien und wir uns deshalb auf die Inhalte konzentrieren sollten, ohne diese „komischen Spielchen" zu machen.

Suggestive Lernbarrieren überwinden

Und noch einmal: Brauchen wir Suggestopädie? Und wieder „Nein" – wenn wir Menschen ab einer gewissen Altersstufe nicht mehr als lern- und veränderungsfähig betrachten. Auch dazu gibt es ein bemerkenswertes Sprichwort: „Was Hänschen nicht lernt, lernt Hans nimmermehr." Das ist eine der besten Ausreden für besonders lernresistente Erwachsene. Und da ist sie wieder, die Angst vor der Veränderung. Was passiert mit mir, wenn ich mich verändere? Wenn ich Situationen zukünftig anders angehe als bisher? Wenn ich feststelle, dass ich viele Jahre meines Lebens damit verbracht habe, mir selbst Situationen schwer zu machen? Wenn ich als Erwachsener feststelle, dass Lernen Spaß machen kann? Nicht alle Menschen sind dann hocherfreut und verändern sich oder ihr Lernverhalten. Dabei haben wir alle – mehr oder weniger – diese Befürchtungsfragen oder Sprichwörter im Kopf. Was uns da im Kopf herumgeistert, wird im Neurolinguistischen Programmieren (NLP) Glaubenssätze genannt, in der Suggestopädie sind es suggestive Barrieren, die uns beim Lernen behindern können. Und diese Barrieren können von kleinen Stolpersteinen bis zu Stabhochsprunglatten jede Größe einnehmen. Dementsprechend schwer fällt uns dann auch das Lernen, und das hat mit dem Alter gar nichts zu tun. Es ist zwar kein Trost, aber diese Befürchtungsfragen und Ängste haben sowohl Lernende als auch Lehrende.

Persönlichkeit des Trainers

Die Ausstrahlung und Persönlichkeit des Lehrenden ist in der Suggestopädie ein wichtiger Wirkfaktor. Oft höre ich die Befürchtung: „Aber wenn ich als Trainer etwas anders mache, meinen Stil ändere, suggestopädisch arbeite, das passt doch nicht zu meiner Persönlichkeit. Dann bin ich doch nicht mehr ich selbst?" Besser wäre es, wenn wir das Lernen von neuen Inhalten oder Verhaltensweisen als eine Erweiterung und Ergänzung unseres Ichs betrachten könnten. Das sagt und schreibt sich leicht, und vielleicht ist sogar der Kopf schon überzeugt. Aber können wir wirklich so richtig daran glauben, dass Veränderungen etwas Gutes sind?

Geschichten statt Fakten

In der Suggestopädie werden gerne Geschichten eingesetzt, um nicht nur dem Kopf Information zu geben, sondern auch den Bauch anzusprechen. Denn wer andere Menschen überzeugen will, sollte ihnen gute

Geschichten erzählen, das ist schließlich eine der ältesten Formen des Lehrens. Geschichten bewirken oft mehr beim Menschen als Fakten und Informationen. Mit einer kleinen Geschichte gelingt es leichter, eine Botschaft zu transportieren oder Ansätze für Reflexionen zu bieten. Hinzu kommt: Geschichten bleiben besser im Gedächtnis haften. Deshalb hier jetzt eine kleine Geschichte zum Thema Veränderungen:

Zwei Samen

Es steckten einmal zwei Samenkörner nebeneinander im Boden. Der erste Samen sprach: „Ich will wachsen! Ich will meine Wurzeln tief in die Erde senden, und ich will als kleines Pflänzchen die Erdkruste durchbrechen, um dann kräftig zu wachsen. Ich will meine Blätter entfalten und mit ihnen die Ankunft des Frühlings feiern. Ich will die Sonne spüren, mich vom Wind hin- und herwehen lassen und den Morgentau auf mir spüren. Was auf mich zukommt, das werde ich schon schaffen, denn dafür bin ich ja ein Samenkorn. Und was alles passieren wird, weiß ich jetzt noch nicht, aber ich will wachsen!" Und so wuchs der Samen zu einer kräftigen Pflanze.

Der zweite Samen sprach: „Ich bin mir nicht sicher. Ich lebe doch gut in der Erde. Was ich bisher in der Erde gemacht habe, war doch hervorragend. Wenn ich jetzt meine Wurzeln in den Boden sende, weiß ich nicht, was mich dort in der Tiefe erwartet. Ich befürchte, dass es mir wehtut oder dass ich Schaden nehmen könnte, wenn ich versuche, die Erdkruste zu durchbrechen. Ich weiß auch nicht, was dort oben über der Erde auf mich lauert. Es kann so viel geschehen, wenn ich wachse. Nein, ich bleibe lieber hier in Sicherheit und warte." Und so verblieb der Samen in der Erde und wartete.

Unsere Eingangsfrage muss noch einmal mit einem „Nein" beantwortet werden, wenn wir Lernen als reine Kopfarbeit verstehen. Auch dazu gibt es ein bezeichnendes Zitat. „Ich denke, also bin ich." Der Ausspruch stammt von Descartes und ist wohl einer der berühmtesten Sätze der europäischen Geistesgeschichte. Er sollte aus seiner Zeit heraus verstanden werden: Im 17. Jahrhundert ging Descartes in Konfrontation mit der mittelalterlichen Philosophie. Ihm war wichtig, dass sich die Gelehrten seiner Zeit von vorgefassten und überlieferten Ansichten und vom Autoritätsglauben befreiten. So weit, so gut. Allerdings begründete Descartes auch die Vorstellung einer abgrundtiefen Trennung von Körper und

Emotionalität des Lernprozesses

Geist, und damit eines Dualismus, der in unserem Denken bis heute herumspukt und Denken und Lernen als Kopfsache ansieht. Empfindungen beeinflussen aber unsere Vernunft nachhaltig. Antonio Damasio erzählt dazu – fast wie in einem Krimi – die Geschichte von Phineas P. Gage. Er musste an einem heißen Sommertag 1848 für die Eisenbahngesellschaft in Neuengland einen Weg durch die Felsen sprengen, damit die Schienen für die neue Bahnstrecke verlegt werden konnten. Der 25-jährige Phineas stopfte den Sprengstoff mit einer fast zwei Meter langen und sechs Kilogramm schweren Eisenstange in ein vorbereitetes Loch. Durch eine Unachtsamkeit entstand ein Funken, die Sprengladung explodierte und schoss Gage die Eisenstange mitten ins Gesicht. Wie ein Geschoss drang sie durch seine Wange in den Kopf, durchdrang den vorderen Teil des Gehirns, trat durch das Schädeldach wieder aus und fiel 30 Meter weiter entfernt zu Boden.

Geist und Gefühl Es war wie ein Wunder. Der verletzte Phineas überlebte den entsetzlichen Unglücksfall. Die massiven Verletzungen seines Gehirns hatten weder zu Lähmungen noch zu sonstigen Ausfallerscheinungen geführt, er konnte rechnen, schreiben, lesen, alles schien in Ordnung. Doch erst jetzt begann das eigentliche Drama. Aus dem jungen Mann, der vor dem Unfall von seinem Arbeitgeber als der „tüchtigste und fähigste Mann des Unternehmens" bezeichnet wurde, wurde nach seiner Genesung ein Mensch mit einer radikal veränderten Persönlichkeit. Gage, so berichtete sein Arzt besorgt, schien nicht mehr in der Lage zu sein, in die Zukunft zu planen und vernünftige Entscheidungen zu treffen. 145 Jahre später untersuchte die amerikanische Neurologin Hanna Damasio den erhaltenen Schädel von Gage noch einmal. Mit modernsten bildgebenden Verfahren gelang ihr der nachträgliche Blick in sein Gehirn. Nach vielen Untersuchungen und Abgleichen fand sie heraus, dass vernunftbetontes Lernen nur funktioniert, wenn auch Gefühle verarbeitet werden. Nicht die Ratio macht den Menschen aus, sondern Geist und Gefühl bestimmen uns. Die Bereiche im Gehirn, in denen Emotionen verarbeitet werden, sind mit den Gehirnteilen vernetzt, die beim logischen Denken benötigt werden – und umgekehrt. Gut gemeinte Ratschläge wie „Denk doch mal logisch" gehen dahin, Gefühle zu beschränken und schön vernünftig zu sein. Angenehme Gefühle werden beim Lernen oft nur als „nette" Zugabe zum Denkprozess gesehen. Ohne Gefühle können wir aber nicht denken. Ohne Gefühl kein Verstand. Und Musik, Bewegung, Spiele, Humor usw. sind suggestopädische Bausteine und Wirkfaktoren, die unsere Gefühle aktivieren.

Nomen est omen – oder: Der Name ist schuld

Eigentlich müsste doch jetzt die Frage, ob wir Suggestopädie zum Lernen und Lehren brauchen, schon positiv beantwortet sein.

Denn Suggestopädie unterstützt uns, wenn wir mit positiven Emotionen, mit Freude und Engagement lehren und lernen, unser riesiges Gehirnpotenzial ausschöpfen, langfristige Lernerfolge haben, auf den Menschen durch lerntypengerechtes Arbeiten eingehen und als Trainer und Trainerin selbst Spaß am Vermitteln von Wissen haben und unser Gegenüber ernst nehmen wollen.

Oder zögert da noch jemand nach so vielen guten Argumenten in einem Satz? Vielleicht liegt es ja am Namen. Suggestopädie setzt sich zusammen aus Suggestion und Pädagogik. Schon das Wort „Pädagogik" weckt bei einigen Menschen keine freudigen Erinnerungen. Da kommen Bilder an die Schulzeit herauf, oder es fällt einem Mark Twain ein, der sagte: „Ich habe mir nie meine Erziehung durch Schulbildung verderben lassen." Und dann auch noch „Suggestion", das steht doch in einer Gedankenreihe mit Beeinflussung und Manipulation. Eine Möglichkeit wäre nun, Beschwerdebriefe an Dr. Lozanov (den Begründer der Suggestopädie) zu schreiben und um einen „schönen" und allgemein verständlichen Namen zu bitten. Und die andere Möglichkeit? Den guten Seemann auf einem Dampfschiff erkennt man bei schlechtem Wetter: Also sollten wir stolz auf einen Namen sein, der bewusst macht, dass wir *immer* von Suggestionen, von Beeinflussungen umgeben sind. Oder ändert sich das Bild einer hübschen Frau nicht, wenn sie mit einer Piepsstimme zu sprechen beginnt? Natürlich beeinflusst uns die Umgebung, in der gelernt wird, oder die Person des Lehrers. Und gerade deshalb ist es wichtig, sehr bewusst mit diesen Einflüssen umzugehen und sie lernfördernd einzusetzen.

Suggestopädie ist ein Fels, an dem die gestrandeten Schiffe der Pädagogikenttäuschten landen können und anstürmende Glaubenssätze wie „So was haben wir ja noch nie gemacht" scheitern.

Suggestion und Pädagogik

Kapitel 1: Die Entstehungsgeschichte der Suggestopädie

von Katja Riedel

Wissens-vermittlung und Erziehung

Die Suggestopädie wurde von dem bulgarischen Psychiater Georgi Lozanov (geb. 1926) entwickelt. Seine Arbeit mit Hypnose und Hypermnesie (ungewöhnliche Gedächtnissteigerung) führte ihn zur Beschäftigung mit Suggestionen. In Medizinerkreisen war Georgi Lozanov im Bereich der „Suggestologie" eine anerkannte Autorität. Die Suggestologie richtet ihre Aufmerksamkeit vor allem auf die zwischenmenschlichen Beziehungen, die unbemerkt oder ungenügend bewusst bleiben. In der englischen Wortbedeutung, auf die sich Lozanov bezieht, heißt Suggestion „Vorschlag, Angebot". Die Anwendung der Suggestologie auf den Bereich der Wissensvermittlung und Erziehung nannte er „Suggestopädie".

Suggestions-träger

Nach der Definition Lozanovs sind Suggestionen in jeder Kommunikation wirksam. Sie beeinflussen unsere Mimik, Gestik und unsere Intonation, sie haben Einfluss darauf, wie wir uns bewegen und uns kleiden. Ob Lehrerinnen und Lehrer Begeisterung oder Langeweile wecken, hängt danach vor allem von den Suggestionen ab, die sie ausstrahlen. Auch Räume sind Suggestionsträger. Wir reagieren automatisch und schnell auf einen Raum und verhalten uns unbewusst diesem Raum entsprechend.

Der Beginn: durch Entspannung das Gedächtnis steigern

In den 60er-Jahren des 20. Jahrhunderts wollte Lozanov die Gedächtnisleistung im Fremdsprachenunterricht durch Entspannungsmethoden vergrößern. Er nahm an, dass der größte Teil unserer Gehirnkapazitäten brachliegt und darauf wartet, aktiviert zu werden. Als positives Beispiel führte er Yogis mit ungewöhnlich gut ausgeprägtem Erinnerungsvermögen an, die er 1967 bei einer sechsmonatigen Reise durch Indien kennen gelernt hatte.

Besonderer Bewusstseins-zustand

Bei Versuchen mit Rechenkünstlern und einer Lerngruppe mit Erwachsenen, die eine täglich wachsende Anzahl von Vokabeln wiedererkennen sollten, stellte er fest, dass ein besonderer Bewusstseinszustand das Speichern und Wiederauffinden von Informationen im Langzeitgedächtnis fördert und erleichtert. Auch das Lerntempo und die Lernleistung wurden verbessert. Dieser Bewusstseinszustand zeichnet sich durch leichte Entspannung sowie innere Ruhe und Zentriertheit aus. Durch speziell ausgewählte Musik, eine besondere Gestaltung des Lernumfeldes sowie verbale und nonverbale Vorschläge zur Veränderung lernhemmender Einstellungen und Verhaltensweisen verbesserte sich zudem das Selbstvertrauen und die Gesundheit der Lernenden, aber auch das soziale Klima in der Gruppe.

Die Weiterentwicklung: sämtliche Reservekapazitäten freisetzen

Mitte der 70er-Jahre begann die fruchtbare Zusammenarbeit mit Evalina Gateva. Gateva hatte Italienisch und Spanisch studiert und war daneben als klassische Konzertsängerin tätig. Im Unterschied zu den früheren Jahren seiner Forschungstätigkeit ging es Lozanov nun nicht mehr allein um größere Gedächtnisleistungen, sondern um die Entwicklung der gesamten Person. Die erzieherischen Möglichkeiten der Suggestopädie rückten in den Mittelpunkt. Durch mühelose Lernerfolge in einer entsprechenden Umgebung sollten Menschen selbstbewusster und freier werden und ihre Reservekapazitäten aktivieren können.

Um sie zu erschließen, müssen Lernende den Lehrenden Wertschätzung entgegenbringen und diesen aufgrund ihrer Fachkompetenz und ihrer Persönlichkeit vertrauen. Auf diese „Autorität" reagieren Lernende mit „Infantilisierung" (nicht zu verwechseln mit dem medizinischen Begriff der Infantilität). Lozanov verstand darunter die Reaktion von Menschen auf Menschen, denen sie Respekt und Vertrauen entgegenbringen und die sie begeistern. Entwickeln kann sich die „Infantilisierung", wenn die als Autorität akzeptierte Lehrperson ein Gefühl des Angenommenseins und eine fröhliche und heitere Atmosphäre schaffen kann. Dann, so Lozanov, erhöhe sich die Wahrnehmung, das Gedächtnis und die Kreativität der Lernenden.

Wertschätzung für den Lehrenden

Zweitens wird dieser Prozess durch eine gute Gruppenatmosphäre, Spiele, Experimente, kreative Aufgaben, Märchen und Geschichten unterstützt. Sie lenken von der Anstrengung des Lernens ab.

Damit sich die Lernenden auf spielerisches Lernen einlassen, müssen drittens die Körpersprache und die gesprochene Sprache der Lehrenden eine Einheit bilden. Und schließlich trägt der entspannte, sachlich konzentrierte „pseudopassive Zustand", der durch Musik der Klassik und des Barocks hervorgerufen wird, zur Aktivierung der Reserven bei.

Bedeutung der Musik

> **!**
>
> Schließlich benannte Lozanov drei suggestopädische Prinzipien, die gleichzeitig berücksichtigt werden müssen: freudige und entspannte Unterrichtsatmosphäre, Einheit von Bewusstem und Unterbewusstem und Aktivierung der Persönlichkeitsreserven.

Die Instrumente der Suggestopädie

Mit psychologischen, didaktischen und künstlerischen Mitteln sollen die genannten Prinzipien umgesetzt werden:

Psychologische, didaktische, künstlerische Mittel

- Psychologische Mittel sind emotional und ästhetisch gestaltete Lehr- und Lernmaterialien, ein ästhetisches Klassenzimmer oder ein ästhetischer Seminarraum und eine freudige Grundstimmung beim Lernen.
- Didaktische Mittel sind fächerüberreifender Unterricht mit großen anschaulichen Lehreinheiten.
- Künstlerische Mittel sind Künste aller Art, die die Erlebnisqualität, die freudige Atmosphäre beim Lernen und die Motivation steigern.

Für den Unterricht in der Schule ließ Lozanov Kinderopern vom öffentlichen Fernsehen produzieren und senden, die Musik, Ballett, Drama und bildende Kunst mit den wichtigsten Inhalten des Lerngegenstandes verbanden. Sie führten in die fächerübergreifenden Themen ein. Für Erwachsene, die eine Fremdsprache lernen, sind im suggestopädischen Unterricht so genannte „Lernkonzerte" zu klassischer und barocker Musik vorgesehen.

Die künstlerische Variante der Suggestopädie

Zusammen mit Evalina Gateva formulierte Lozanov die Suggestopädie neu. Seine bisherige stark kognitiv ausgerichtete Form bezeichnete er im Nachhinein als klinische, die zweite als künstlerische Variante.

Die vier Phasen der künstlerischen Variante

1

Introduction:
Ein kurzes Theaterstück, ein Lied oder Ähnliches führt in den folgenden Text ein. Emotionale und verstandesmäßige Bedürfnisse werden befriedigt. Einfache Requisiten, Kassetten, Dias, Filme, Grammatikposter etc. unterstützen diesen Prozess.

2

aktive Konzertsitzung:
Der Text wird langsam und ausdrucksvoll zu kompletten Musikwerken der Wiener Klassiker (Haydn, Mozart, Beethoven) oder der klassischen Romantiker (Tschaikowsky, Brahms) vorgetragen, während die Lernenden den Text (mit Übersetzung) lautlos mitlesen.

3

pseudopassive Konzertsitzung:
Im zweiten Konzert werden komplette barocke Instrumentalwerke verwendet und derselbe Text noch einmal vorgelesen. Die Lernenden halten die Augen dabei geschlossen.

4

Aktivierung:
Im Vergleich zur früheren Fassung wird jetzt wesentlich mehr gespielt, gesungen und getanzt. Auch Übersetzungstätigkeiten bekommen einen spielerischen Charakter. Der kommunikative Aspekt des Fremdsprachenlernens steht im Vordergrund. Mündliche Aktivitäten wechseln mit schriftlichen ab, Rollenspiele mit Puzzle- und Lesespielen, Gruppenspiele ohne Sieger mit Einzel- und Gruppenwettspielen. Typisch für die erste Phase ist das gemeinsame Lesen des fremdsprachigen Dialogs des Lernkonzertes im Chor.

Suggestopädische Erfolge

Im Laufe der Zeit wurde die Suggestopädie in verschiedenen Ländern eigenständig weiterentwickelt – dazu ein paar Beispiele: 1975 wurde an der Moscow State University ein Zentrum für Intensiven Fremdsprachenunterricht eingerichtet, seit Mitte der 80er-Jahre wurde in der Sekundarstufe einiger Schulen suggestopädischer Fremdsprachenunterricht erteilt.

Weiterentwicklungen

Die künstlerische Ausrichtung des Unterrichts beschränkt sich auf die Verwendung von Kunst in der Aktivierungsphase (Lieder, Tanz, Theater, Umgang mit Kunstgegenständen). Lernkonzerte und passive Phasen sind nicht vorgesehen. Die Einführungsphase ist kognitiv ausgerichtet. Die Beherrschung der Grammatik und des schriftlichen Fremdsprachenerwerbs bekommt im Unterricht ein größeres Gewicht. Kommunikation und lebendige Gruppenarbeit gelten als wichtigstes Ziel. Die Lehrenden sollen informieren, die Gruppenkommunikation organisieren und ein Modell für ethisches Verhalten und Fremdsprachenkompetenz abgeben. Erwartet wird von ihnen Liebe für die Lernenden, Hingabe an das Unterrichten, pädagogisches Talent, Freundlichkeit, mentale Stabilität, Enthusiasmus, Sinn für Humor, Kenntnisse in Psychologie, Physiologie und Soziologie, Kreativität, Geduld, Verständnis, Flexibilität, Anpassungsbereitschaft, eine hohe intellektuelle Kompetenz und künstlerisches Talent.

Unbegrenzte Lernfähigkeit

Die US-amerikanischen Suggestopäden bauen auf die unbegrenzte Lernfähigkeit aller Menschen, die in einer entspannten und stressfreien Lernumgebung erschlossen werden kann. Sie halten das persönliche Verhältnis der Lernenden zum Unterrichtsgegenstand für wesentlich. Auf der konkreten Unterrichtsebene werden körperliche und mentale Entspannungstechniken, Visualisierungstechniken, metaphorische Geschichten und Mind-Maps (Gedankenkarten) hinzugefügt.

Das neue Element der US-amerikanischen Suggestopädie sind angeleitete Entspannungs- und Visualisierungsübungen für Körper und Geist, mit der eine entspannte Aufmerksamkeit der Lernenden hergestellt werden soll, wie das „Centering" zu Beginn des Unterrichts, mit dessen Hilfe sich die Lernenden zentrieren, von negativer Energie befreien und zu einem Zustand entspannter Aufmerksamkeit geführt werden sollen. Auch Fantasiereisen zur Aneignung von neuen Informationen und zur Klärung des persönlichen Verhältnisses zum Unterrichtsstoff kommen hinzu. Anders als die Suggestopäden in der Sowjetunion folgen die amerikanischen Suggestopäden in den konkreten Unterrichtsschritten im Wesentlichen dem Modell von Lozanov.

Centering und Fantasiereisen

Trotzdem: In den USA vermischte sich Lozanovs Werk mit verschiedenen alternativen Lernsystemen und -philosophien, wie den Forschungen zum Spracherwerb von Asher, Krashen und Terrell, dem Neurolinguistischen Programmieren (NLP), Howard Gardners Theorie der „multiplen Intelligenzen" und Arbeiten zur Gehirnforschung, die das rechtshemisphärische Denken in den Mittelpunkt stellen (Tony Buzan, Betty Edwards, Garbrielle Rico).

In Deutschland wurde die Suggestopädie unter dem von Ostrander und Schroeder eingeführten Begriff des „Superlearning" in den frühen 80er-Jahre bekannt und zunächst mit viel Skepsis aufgenommen. Pionierleistungen erbrachten vor allem das Bremer Psychotherapeutenehepaar Hinkelmann, das 1982 das Privatlehrinstitut „PLS" (Psychologische Lernsysteme) gründete und suggestopädische Fremdsprachenkurse und Fortbildungsveranstaltungen für Lehrer und Trainer anbot, sowie Hartmut Wagner, der das SKILL Institut gründete, und Rupprecht Baur, der die Suggestopädie an der Universität einführte. Der PLS-Verlag sorgte mit der Herstellung von hochwertigem suggestopädischem Lehrmaterial im Fremdsprachenunterricht für eine umfassende Verbreitung der Suggestopädie an privaten Fremdspracheninstituten.

Superlearning und Suggestopädie

Die Gründung der Deutschen Gesellschaft für Suggestopädisches Lehren und Lernen (DGSL e.V.) 1987 gab der Suggestopädie Aufschwung. Auf jährlich stattfindenden Kongressen wird ein breiter Erfahrungsaustausch ermöglicht. „Kreativfilialen" in allen Bundesländern dienen als Austausch- und Fortbildungsforum, eine Ausbildungskommission sorgt für einheitliche Standards bei der Ausbildung der Suggestopädinnen und der Trainer. Die Suggestopädie zog ein in (vereinzelte) Schulen, Volkshochschulen, in das Bildungswesen von Wirtschaft und Handel (etwa BMW, Audi, Hewlett-Packard, IBM, Quelle, Heidelberger Druckmaschinen, Philips Akademie) und in einige Hochschulen im Fremdsprachenunterricht sowie im Bereich Psychologie und Pädagogik.

Gründung der DGSL

Die Suggestopädie in der Bundesrepublik ist nicht einheitlich. Keiner der maßgeblichen Suggestopäden hat bei Lozanov selbst eine Ausbildung absolviert. Ähnlich wie in den USA wurden Methoden anderer, psychologischer und pädagogischer, Richtungen übernommen (NLP, Gestaltpädagogik, Transaktionsanalyse, Kinesiologie, mentales Training). Erkenntnisse über die Arbeitsweise des Gehirns wurden vor allem aus den Schriften des deutschen Neurobiologen Frederic Vester gezogen. Eingesetzt wird sie im Fremdsprachenunterricht und in Sachfächern, bei denen komplex, problemlösend und kreativ gearbeitet werden soll.

Problemlösungs-orientierung und Kreativität

In Österreich rief Claudia Feichtenberger ein Modell ins Leben, bei dem immer mehr Fahrschüler die Fahrtheorie und -praxis, auf suggestopädische Art und Weise lernen. Und in Liechtenstein, Finnland, Schweden, Frankreich, in Spanien, in England, in Tschechien, in der Schweiz und in vielen anderen Ländern gibt es kleine suggestopädische Zellen, die Lozanovs Idee umsetzen und durch angenehmes Lernen und damit verbundene Lernerfolge dazu beitragen, Menschen selbstbewusster zu machen.

Kapitel 2: Zur Wirkungsweise der Suggestopädie

von Verena Damm

Teilnehmerinnen und Teilnehmer an suggestopädischen Kursen merken sehr oft an, die Atmosphäre in der Gruppe sei besonders gut; das Lernen bereite ihnen Freude. Die Einschätzung des Lernerfolges dagegen fällt nicht immer ganz so eindeutig aus: Das Lernen wird als relativ mühelos empfunden und ist in ein Gesamtgeschehen eingebunden, das als angenehm erlebt wird. So mancher unterschätzt dabei, wie viel er wirklich gelernt hat. Lernkontrollen helfen da oft weiter und rufen positive Überraschung hervor.

Barrieren behindern Lernprozess

Worauf beruht diese Wirkung? In seinem Grundlagenwerk „Suggestology and Outlines of Suggestopedy" betont Georgi Lozanov, der wichtigste Faktor dabei sei der so genannte „suggestiv-desuggestive Prozess". Er spricht von Barrieren, die Menschen im Lernprozess behindern, nämlich der logisch-kritischen, der intuitiv-affektiven und der ethischen Barriere:

■ Die logisch-kritische Barriere weist alles zurück, was nicht wohl durchdacht und logisch erscheint,
■ die intuitiv-affektive Barriere lehnt ab, was die Entstehung von Vertrauen und Sicherheitsgefühl behindert, und
■ die ethische Barriere das, was den ethischen Prinzipien des Einzelnen nicht entspricht.

Suggestopädie als Unterrichtschoreografie

Alle drei Barrieren wirken in Abhängigkeit voneinander, und so ist es oft schwer, sie präzise zu unterscheiden. Es geht im suggestopädischen Unterricht aber nicht um das Betreiben einer „Barrieren-Diagnose" beim Einzelnen, sondern um ein Gesamtkonzept, eine Art von Unterrichtschoreografie, in der die Barrieren nicht wirksam werden, Menschen sich neu erleben und so erfolgreicher lernen können. „Der Prozess der Desuggestion hat einen emanzipatorischen Charakter", meint Katja Riedel. Durch die Überwindung der Lernbarrieren, die ein Individuum in Übereinstimmung mit der Ganzheit seiner Persönlichkeit leistet, werden schlummernde Reservekapazitäten genutzt.

Positive Lernerlebnisse

Glaubt ein Mensch beispielsweise, er sei nicht talentiert zum Englischlernen, wird diese Suggestion sich hinderlich auf seinen Lernprozess auswirken. Hat er dann positive Lernerlebnisse – und suggestopädischer Unterricht macht diese quasi unumgänglich –, wird das seine Grundeinstellung beeinflussen und ihm das Erlernen der englischen Sprache erleichtern.

Die Wirkfaktoren der Suggestopädie

In der Seminar- und Unterrichtsplanung spielen verschiedene Aspekte eine Rolle, die insgesamt den suggestiv-desuggestiven Prozess unterstützen und den Abbau negativer, lernbehindernder Suggestionen ermöglichen, die dann einem positiveren Selbstbild Raum geben. Künstlerische Aspekte spielen dabei eine Rolle – es wird gemalt, gesungen und getanzt, Spielszenen entwickelt, der Raum wird schön gestaltet; außerdem sollen möglichst früh und häufig Erfolgserlebnisse ermöglicht werden.

Abwechslungs- reichtum und Rhythmisierung

Das Unterrichtsgeschehen ist abwechslungsreich rhythmisiert, es wechseln ruhige und bewegte Abschnitte ab. Es gibt Phasen, in denen gehört, gesprochen, geschrieben oder gelesen wird, Phasen, die verschiedene Lernkanäle oder Intelligenzformen ansprechen, einen steten Wechsel zwischen den verwendeten Sozialformen. Dadurch wird Abwechslung erreicht, das Unterrichtsgeschehen bleibt in Fluss, Interesse, Motivation und Energieniveau werden erhalten.

Interaktion in der Gruppe

Besonderes Interesse gilt dem Aufbau einer positiven und vertrauensvollen Interaktion in der Gruppe. Man achtet darauf, dass sich Strukturen nicht verfestigen: feste Sitzplätze, Leute, die immer zusammenarbeiten. Der Unterricht findet, soweit möglich, im Stuhlkreis statt, Partner-, Gruppen-, Einzel- und Plenumsarbeit wechseln sich ab, dabei werden verschiedene Aktivitäten zur Paar- und Gruppenfindung eingesetzt, damit jede(r) die Möglichkeit erhält, mit allen anderen zu arbeiten. Präsentationen werden von der Gruppe positiv unterstützt, die Gruppe kann sich in „ihrem" Raum einrichten und ihn mit Beschlag belegen. Oft gibt es auch Tee- bzw. Kaffeetische; der Unterrichtsraum wird zu einem Ort, an dem sich möglichst alle wohl fühlen und gerne miteinander agieren.

Verschiedene Lernstile

Menschen lernen verschieden. Die einen möchten gerne Texte lesen, die anderen Bilder sehen, manche lernen am besten, was sie gehört haben, und wieder andere müssen zunächst einmal alles selbst tun. Jeder Mensch besitzt alle diese Lernkanäle, nutzt sie in unterschiedlichen Situationen auf verschiedene Weise, und manche negative Lernerfahrung basiert auf der Tatsache, dass der zu lernende Stoff einem bestimmten Menschen in einer für ihn ungeeigneten Weise angeboten wurde.

Der Grundsatz, dass Menschen verschieden lernen, wird heute von vielen Suggestopäden um die Beachtung der multiplen Intelligenzen nach Howard Gardner erweitert (logisch-mathematisch, sprachlich, räumlich-visuell, musikalisch, körperlich-kinästhetisch, interpersonal und intrapersonal).

Die Musik

Ein wichtiger Wirkfaktor ist die Musik. Denn sie ist eine Art universelle Sprache. Sie spricht Emotionen an, transportiert Rhythmus, Struktur, setzt Raumatmosphäre, begleitet Bewegungs- und Ruhephasen – und in der Suggestopädie auch die Vermittlung von Lernstoff in Lernkonzerten. Aus dem suggestopädischen Unterrichtsgeschehen ist Musik nicht wegzudenken.

Autorität und Infantilisierung

Lozanov misst den Qualitäten und der Integrität der Lehrperson eine hohe Bedeutung bei. Gemeint ist dabei keineswegs ein autoritäres Verhalten, sondern eine reife und sich weiterentwickelnde Persönlichkeit, der die Lernenden vertrauen können. Der Funke muss von den Lehrenden auf die Lerner überspringen, sie begeistern – Lozanov spricht von „inspiring authority". Zumeist fällt es ihnen dann leichter, sich für neue Erfahrungen mit sich selbst und die Aufnahme von neuem Lernstoff zu öffnen.

Peripheres Lernen

Stellen Sie sich vor, Sie haben sich an einer Übung festgebissen und kommen nicht weiter. Plötzlich erreicht Sie der Anruf eines Freundes oder einer Freundin, die Ihren Rat haben möchte oder Ihnen etwas Lustiges erzählt. Nach dem Telefonat sehen Sie plötzlich, wie Sie Ihre Aufgabe lösen können.

In der Suggestopädie spielt die „periphere" Form der Wissensvermittlung eine große Rolle. Das angestrengte und problemorientierte Starren auf eine Aufgabe wird immer wieder durch vermeintliche „Ablenkungen" unterbrochen – so entsteht ein Lernfluss und eine bessere Aufnahme des Stoffes ist möglich.

Auch viele Lernposter haben diese Funktion; sie hängen im Unterrichtsraum und können auch Lernstoff beinhalten, der noch gar nicht zum Thema geworden ist. Auch die Entspannungsübungen dienen – neben der Wiederholung – dem peripheren Lernen; in ihnen kann sich Stoff quasi nebenbei festigen. Lernblockaden werden so „unterlaufen". Falls der Stoff dann zu einem späteren Zeitpunkt explizit zum Unterrichtsthema wird, ist er bereits vorentlastet, einiges erscheint bereits bekannt, Neues kann an das Bekannte angeknüpft werden.

Stellen Sie sich vor, Sie möchten duschen. Zu diesem Zweck übergießen Sie sich immer wieder mit Wasser aus einer Kaffeetasse. Wie nass werden Sie dabei? Stehen Sie dagegen unter der Dusche, fließt das Wasser in Strömen über Sie hinweg, dabei bleibt aber einiges hängen. Suggestopädische Lernkonzerte mit ihrem globalisierten Input arbeiten ähnlich. Sie präsentieren eine große Stofffülle, aus der der Einzelne sich dann das auswählen kann, was ihn derzeit am meisten anspricht.

Überflutungs-prinzip

„Ein guter Lehrer wird Geschichten erzählen … Geschichten treiben uns um, nicht Fakten", so Manfred Spitzer. Suggestopädische Lernkonzerte erzählen Geschichten. Der Lernstoff – so vielfältig er auch ist – bleibt in diese Geschichten eingebunden, lässt sich an ihnen festmachen und haftet so besser. Im Grunde genommen erzählt darüber hinaus der ganze Unterrichtskreislauf eine Geschichte: von der Präsentation bis hin zur Integration des Gelernten in einer individuell passenden und stimmigen Weise.

Lernen in Geschichten

Wie der suggestopädische Unterricht beim Einzelnen wirkt

Der Unterricht ist ein vielfältiges Angebot an jeden einzelnen Teilnehmer („suggest" heißt „vorschlagen"). Die ursprüngliche Lernfreude von Menschen wird in einer angenehmen, lernfördernden, persönlichkeits- und „gehirngerechten" Umgebung wieder wirksam. Motivation und Lernfreude sind, so sagt es auch die moderne Lernforschung, ursprüngliche Eigenschaften von Menschen als lernenden Systemen. Manfred Spitzer sagt dazu: „Die Frage lautet nicht: Wie kann ich jemanden motivieren? Es stellt sich vielmehr die Frage, warum viele Menschen so häufig demotiviert sind."

Suggestopädischer Unterricht ist speziell darauf ausgerichtet, Ballast und negative Voreinstellungen zum Lernen vergessen zu machen, dem Einzelnen passende Angebote zu machen, das Lernen generell leichter und effektiver zu gestalten und so die ursprüngliche Lernfreude wieder zu beleben.

Damit eignet sich diese Unterrichtsform auch in besonderer Weise für Menschen, die negative Vorerfahrungen mit dem Lernen gemacht haben oder unter dem Druck stehen, etwas besonders schnell und nachhaltig erlernen zu müssen.

Motivation und Demotivation

Kapitel 3: Gehirnforschung und Suggestopädie

von Werner Groh

Um die Frage, auf welchen wissenschaftlichen Erkenntnissen die Suggestopädie beruht, beantworten zu können, lohnt ein Blick auf die Erkenntnisse der Gehirnforschung. Der Mensch (homo sapiens = wissender, weiser Mensch) ist das einzige Tier, das nach seiner Herkunft fragt. Das liegt am Entwicklungsstand seines Gehirns, das – trotz der 99 Prozent genetischer Übereinstimmung mit dem nächsten Verwandten, dem Schimpansen – erhebliche Unterschiede zum Rest der Tierwelt aufweist. Dieses Gehirn hat sich im Laufe von Jahrmillionen in drei wichtigen Stufen weiterentwickelt. Mit 280 Mio. Jahren ist das „Reptilien- oder Instinkthirn" der älteste Gehirnteil. In ihm werden die Urbedürfnisse (etwa Überleben, Fressen, Verteidigung, Arterhaltung) geregelt. Knapp 170 Mio. Jahre alt ist das „Emotionshirn" (limbisches System), das für unsere Gefühlswelt und die Steuerung der Hormonproduktion zuständig ist. Das „Vernunfthirn" (Cerebralhirn) in der Gehirnrinde, mit dem wir rational denken, ist erst 5 Mio. Jahre alt.

Erkenntnisse der Hirnforschung Meilensteine der Gehirnentwicklung als Folge von Intelligenz und Neugier waren die Entwicklung der Sprache als soziales Werkzeug, der Einsatz von Werkzeugen und Waffen, die Nutzung und Beherrschung des Feuers und eine ausgeprägte Mobilität. Aber auch die ständige Weiterentwicklung psychologischer Fähigkeiten (Strategien entwickeln, Empfindungen anderer verstehen, Kultur) und eine ausgeprägte Neugier (Visionen, Abenteuerlust, Sehnsucht nach dem Unbekannten) förderten die Leistungsfähigkeit des menschlichen Denkorgans, das mit seinen durchschnittlich 1400 Gramm Masse und seinen ca. 100 Milliarden Nervenzellen in der Lage ist, Dinge zu tun, die andere Lebewesen nicht können. Zu diesen Dingen gehört das systematische und strukturierte Lernen. Lernen bedeutete ursprünglich überleben, immer besser werden, noch mehr Unbekanntes entdecken, also Evolution und Fortschritt.

Die Lust am Lernen lernen

„Das Lernen zu verstehen, heißt auch, sich zu fragen, was denn Lernen überhaupt ist" – so Manfred Spitzer. Das schulische Lernen aus heutiger Sicht, besonders vor dem Hintergrund aktueller Studien (PISA), wirft die Frage auf, ob wir den Vorgang des Lernens noch richtig verstehen und betreiben. Es ist ein Paradoxon, dass sich dieselben Gehirne, in denen

Lernen ausschließlich stattfindet, immer wieder didaktisch-methodische Konzepte und Strategien ausdenken, die eben diesen Gehirnen vorschreiben, wie lernen zu funktionieren hat, ohne zu berücksichtigen, wie Gehirne gerne lernen würden.

Die Suggestopädie verlässt eingefahrene, verkrustete Strukturen und tut all das, was Lernen für das menschliche Gehirn zu einem lustvollen, stressfreien und faszinierenden Vorgang macht. Die Suggestopädie stellt den lernenden Menschen in den Mittelpunkt aller Lernprozesse und berücksichtigt seine individuellen Bedürfnisse ebenso wie den Lerntyp und seine Lernhistorie. Suggestopäden orientieren sich an den Erkenntnissen der Gehirnforschung und berücksichtigen Erfahrungen der experimentellen Pädagogik. Suggestopädische Konzepte und Lehrstrategien sind gehirngerecht und stehen im Einklang mit den Grundsätzen der humanistischen Psychologie. Deshalb werden alle nachfolgend beschriebenen Erkenntnisse der Gehirnforschung in der Suggestopädie immer berücksichtigt.

Gehirngerechte suggestopädische Konzepte

Die Lust am Lernen muss wieder gelernt werden. Alle menschlichen Grundbedürfnisse sind mit Lust verbunden: die Fortpflanzung, das Essen und das Lernen. Das Gehirn schreit förmlich danach, lernen zu dürfen. Das Kind hat noch keine Lernprobleme. Es ist neu-gierig (gierig nach Neuem), es ist von allem fasziniert, es will alles kennen lernen und begreifen. Es hat Lust am Lernen!

Funktioniert Lernen unter Druck und Stress? Nein! Negativer Stress ist der schlimmste Lernblocker. Wie in Jahrmillionen stammesgeschichtlicher Entwicklung geübt, schüttet unser Körper in Stresssituationen unter anderem Adrenalin aus, das höchste Bereitschaft zum Angriff oder zur Flucht ermöglicht. Adrenalin blockiert alle höheren Gehirnfunktionen, die beispielsweise auch zum Lernen benötigt werden. Wer denkt schon an Lernen, wenn der gesamte Körper auf Flucht oder Kampf programmiert wird?

Stress als Lernblocker

Deshalb sagt die aktuelle Gehirnforschung, dass Lernen mit Spaß verbunden sein soll. Macht Lernen Spaß, verbucht das Gehirn das als Erfolgserlebnis und schüttet zur Belohnung etwa Dopamin aus, einen körpereigenen Wohlfühlstoff. Das wiederum regt das Gehirn an, weiter zu lernen, um mehr von diesem Stoff zu bekommen (es wird fast süchtig – es sehnt sich nach mehr). Der Weg zum Üben und Wiederholen und damit ins Langzeitgedächtnis ist frei.

Lernen mit Spaß

Aktive Rolle des Lernenden

Lernen ist eines nicht – das Aufnehmen von Wissen. Wissen lässt sich nicht vermitteln oder übertragen! Lernkonsum funktioniert nicht! Bei vielen Bildungsmaßnahmen sind heute noch Lernumgebungen verbreitet, in denen der Lehrende eine aktive Rolle und der Lernende eine eher rezeptive Rolle einnimmt. Diese passive Form des Lernens ist nicht nur wenig motivierend für den Lernenden, sie erzeugt darüber hinaus so genanntes „träges Wissen", also Wissen, das zwar theoretisch beherrscht wird, jedoch in einer konkreten Anwendungssituation nicht aktiviert werden kann – ein Transfer in die Praxis ist meist nicht möglich.

Lernen als konstruktiver und sozialer Prozess

Selbst gesteuertes und eigenverantwortliches Lernen kann nicht mit traditionellen, passiv ausgerichteten Lehr- und Lernformen erreicht werden. Vielmehr wird eine neue Lernkultur erforderlich, die auf einer konstruktivistischen und ganzheitlichen Auffassung von Lernen basiert. Dabei steht der Lernende im Vordergrund, dem eine problemorientierte, positive Gefühle fördernde Lernumgebung zur Lösung von praxisorientierten Lernprojekten zur Verfügung steht. Lernen ist also ein aktiver Prozess. Eine aktive Beteiligung des Lernenden ist für den Lernerfolg von besonderer Bedeutung. Lernende müssen sich mit dem Lernstoff beschäftigen, also experimentieren, ausprobieren, Entscheidungen treffen, reflektieren und eigenverantwortlich eine Lernerfolgskontrolle vornehmen. Ohne eine zumindest teilweise Selbststeuerung des Lernenden ist Lernen unmöglich. Gefordert ist Handlungsorientierung in einem geeigneten Lernumfeld. Nicht konsumieren, sondern engagieren, lautet die Devise.

Neue Lernkultur

Wie bereits erwähnt ist erfolgreiches Lernen ein konstruktiver Prozess. Lernen ist immer konstruktiv. Der individuelle Erfahrungshorizont und das Vorwissen der Lernenden sind maßgeblich bestimmend für den Lernprozess. In problemorientierten Lernumgebungen kann sich der Lernende sein Wissen „konstruieren" und mit seinem Wissen und seinen Vorstellungen verknüpfen. Daraus ergibt sich, dass Wissen nicht durch Instruktion vom Lehrenden an den Lernenden gleichsam als Kopie weitergegeben werden kann, sondern das Ergebnis individueller konstruktiver Prozesse ist. Daraus folgt für die konstruktivistische Unterrichtsphilosophie der Vorzug der Konstruktion gegenüber der Instruktion. Wie gesagt: Das lernende Individuum und seine Lernprozesse stehen im Mittelpunkt des Interesses. Selbststeuerung und Kontrolle des Lernprozesses, zum Beispiel durch Auswahl von Lernwegen, Medien, Bestimmen von Lernzeiten, sollen vom Lernenden selbst ausgehen oder teilweise mitgestaltet werden. Die Übernahme von Verantwortung zur Erreichung der Lernziele unter Berücksichtigung individueller Freiheitsgrade fördert das Interesse und die Motivation. Der Lernende erkennt seinen Nutzen. Also: Trauen Sie den Lernenden mehr zu!

Lernen ist ein interaktiver Prozess und umfasst immer auch soziale Aspekte. Menschen lernen ungern alleine. Der Kontakt zu Mitstudierenden, Tutoren, Dozenten, Ausbildern ist ein Erfolgsfaktor für den Lernprozess. In Lerngemeinschaften ist der Einsatz von Lernspielen jeglicher Art besonders lernfördernd. Menschen, auch Erwachsene, spielen gerne. Lernspaß garantiert!

Lernen in der Gemeinschaft

Lernen als emotionaler und situativer Prozess

In vielen Bildungsmaßnahmen werden kognitive Lehr- und Lernziele überbetont, also die Sachebene. Die emotionale Komponente beeinflusst jedoch sehr stark die Motivation des Lernenden. Jede Information, die ins Langzeitgedächtnis aufgenommen wird, enthält einen „Gefühlsstempel". Je intensiver dieser Stempel (Emotion) ist, umso höher ist der Erinnerungsgrad der Information. Positive Gefühle sind die besten Lernkatalysatoren (Verstärker, Beschleuniger). In einem Zustand, der von Sicherheit, Kompetenz, Vertrauen, Freude, Vergnügen und Forscherdrang geprägt ist, summt das Gehirn vor Effizienz und nimmt große Informationsmengen fast mühelos auf. Konzepte müssen daher auch affektive Lernziele enthalten, die die Emotionen des Lernenden ansprechen. So ist auch die Veränderung von Werten, Einstellungen und Verhalten möglich. Georgi Lozanov hat dies schon sehr früh erkannt und seine Erkenntnisse zur Desuggestionsarbeit als elementare Wirkfaktoren herausgestellt. Desuggestionsarbeit ist Arbeit mit Emotionen und bedeutet zum Beispiel den Abbau von Lernblockaden, die Beseitigung von negativen Glaubenssätzen und anderen teils unbewussten Faktoren, die den Lernprozess be- oder gar verhindern.

Desuggestions-arbeit

Lernen ist ein situativer Prozess. Lernen findet stets in einem spezifischen Kontext statt. Problemorientierte Lernumgebungen liefern als Ausgangspunkt authentische Probleme (Projekte), die idealerweise von hoher Bedeutung für den Lernenden sind. Die Identifikation mit der Problemstellung in einer Rahmenhandlung, einem Lernprojekt, ist äußerst wirkungsvoll. Solch ein Kontext (Zusammenhang) ist in der Regel durch multiple Perspektiven gekennzeichnet. So kann der Lernende verschiedene Sichtweisen einnehmen und unterschiedliche Anwendungssituationen erleben, um das Gelernte tatsächlich möglichst flexibel auf neue Situationen anwenden zu können. Vermeiden Sie es, reine Fakten zu vermitteln und diese Fakten ohne sinnvollen Zusammenhang darzustellen. Geschichten treiben uns um, nicht Fakten. Geschichten enthalten Fakten,

Perspektiv-wechsel

aber diese verhalten sich zu den Geschichten wie das Skelett zum ganzen Menschen. Wer glaubt, beim Lernen gehe es darum, Fakten zu büffeln, der liegt völlig falsch: Einzelheiten machen nur im Zusammenhang Sinn, und es ist dieser Zusammenhang und dieser Sinn, der die Einzelheiten interessant macht. Und nur dann, wenn die Fakten in diesem Sinn interessant sind, werden wir sie auch behalten.

Fazit: Lernen ist ein sehr komplexer und dynamischer Prozess

- Orientierungsprozess
- Interpretationsprozess
- Autopoietischer Prozess (das Gehirn ist hochgradig mit sich selbst beschäftigt)
- konstruktiver Prozess
- sozialer Prozess
- emotionaler Prozess

Wirkfaktoren ganzheitlichen lustvollen Lernens (= Suggestopädie)

- Lernen mit Herz und Verstand (Menschlichkeit)
- Lernen mit allen Sinnen (multisensorisch)
- gehirngerecht assoziativ und neurodidaktisch (Ergebnisse der Gehirnforschung berücksichtigen) lernen
- Abbau von Lernblockaden (Desuggestionsarbeit)
- anregende Atmosphäre und motivierende Lernumgebung
- handlungsorientiert selbst gesteuert
- lerntypengerecht (das Individuum berücksichtigend) lernen
- Nutzen von Gruppenprozessen (soziale Aspekte)
- Dramaturgie Rhythmisierung (situatives Lernen, Rhythmisierung, Lernprojekte, Wechsel von Anspannung und Entspannung)
- Energieausgleich (Wirkung von Pausen, Beruhigung oder Krafttanken)
- Lernspiele einsetzen (Edutainment)
- Musik einsetzen (Lernen in der Entspannung Alphazustand)
- Stressfreiheit
- Multimediales Lernen (Medienmix)
- Kooperatives Lernen (Verfügbarkeit von Trainer, Tutor, Ansprechpartner, Lernen im Team)
- emotionales Lernen (positive Gefühle gezielt ansprechen)

Hinweis: Quellen für den Beitrag: Gespräche mit und Bücher/Vorträge von Prof. Dr. Frank Thissen und Prof. Dr. Dr. Manfred Spitzer.

Kapitel 4: Qualitätsstandards sichern

von Claudia Feichtenberger, Kathleen Brandhofer-Bryan und Verena Damm

Zwei Jahre nach ihrer Gründung am 18.1.1987 rief die DGSL eine dreiköpfige Ausbildungskommission (AK) ins Leben. Sie sollte zum einen die Richtlinien für die Grund- und Aufbauausbildung und zum anderen die Voraussetzungen für das Erlangen einer Lizenz als Ausbildungstrainer und Ausbildungstrainerin erarbeiten. Sie sind nicht unveränderlich, sondern eine lebendige und aktuelle Richtliniensammlung.

Ausbildungsrichtlinien und Ausbildungskommission der DGSL

Im einleitenden Text zum aktuellen Stand der Richtlinien – zuletzt wurden sie 2004 überarbeitet – heißt es: „Wichtiger Hinweis: Diese Richtlinien und Empfehlungen sind das Ergebnis eines fortlaufenden Nachdenk-, Diskussions- und Arbeitsprozesses der Ausbildungskommission der DGSL. Ziel ist der Erhalt eines professionellen Ausbildungsstandards, der die Suggestopädie als bedeutsamen Beitrag zu einer zukunftsorientierten und ganzheitlichen Lehr- und Lernkultur profiliert. Die Richtlinien fassen den momentanen Stand der Diskussion zusammen" (siehe unter www.dgs.de).

Damit zeigte die DGSL praktisch von Anfang an ihr Bewusstsein für die Notwendigkeit von Qualitätsstandards, der Qualitätssicherung und Qualitätserhaltung, und zwar sowohl auf inhaltlicher Ebene wie auch im Hinblick auf Persönlichkeitsentwicklung und Weiterbildung.

Qualitätssicherung und -erhaltung

Aufgaben der Ausbildungskommission

Die AK hat die Aufgabe, als Forum und Ansprechpartner für die Mitglieder zu dienen. Weiter stellt sie sich die Aufgabe, Ausbildungsformen und -standards für die suggestopädische Fortbildung und andere ganzheitliche und zukunftsorientierte Lehr- und Lernformen voranzubringen und Qualitätsstandards in den verschiedenen Anwendungsfeldern zu entwickeln.

Die Aufgabe eines Dachverbandes ist es, die Qualitätsstandards zu wahren, sie aber auch neuen Entwicklungen anzupassen und den Austausch der Mitglieder untereinander zu ermöglichen und zu fördern. Die AK organisiert daher jeweils vor dem jährlichen DGSL-Kongress ein Treffen aller Ausbildungstrainer, auf dem neue Themen erarbeitet, Informationen ausgetauscht und Inhalte abgeglichen werden:

- Wer hat im letzten Jahr eine neue Veranstaltung oder Seminarform entwickelt?

- Hat jemand eine für alle interessante Zusatzausbildung gemacht oder ein neues Buch gelesen, dessen Inhalt er den anderen verfügbar machen möchte?

- Welche Erfahrungen gibt es mit der Kursakquisition?

- Wer bietet Grundausbildungen in Suggestopädie an?

- Worin liegt die Zukunft der Suggestopädie?

- Wie lässt sich die Methode einem breiteren Publikum näher bringen?

- Wo verläuft die Grenze zwischen suggestopädischem Unterricht und Unterricht mit suggestopädischen Elementen?

- Wie steht es mit dem Unterschied zwischen Suggestopädie und Accelerated Learning – gibt es einen, und wenn ja, welchen?

- Gibt es neue oder besonders erfolgreiche Aktivitäten, die sich mit den anderen Ausbildungstrainern teilen lassen?

Ausbildungsbezogene Aktivitäten In Zusammenhang mit dem letzten der genannten Punkte erschien 2004 auch eine Sammlung ausbildungsbezogener Aktivitäten. Um die Ausbildungstrainerinnen schnell über Neues zu informieren bzw. um leicht miteinander in Kontakt zu kommen, wurde ein E-Forum eingerichtet. Die Ausbildungskommission ist zudem regelmäßig im DGSL-Rundbrief vertreten, um alle Mitglieder anzusprechen.

Ein weiteres wichtiges Aufgabengebiet der AK ist die Anerkennung von Grund- und Aufbauausbildungen oder die Anerkennung von Ausbildungstrainern für Suggestopädie sowie die Prüfung der jährlichen Weiterbildungsnachweise der lizenzierten Trainerinnen und Trainer. Die Aufbauausbildung ist umfangreich, setzt ein Minimum von zwei Jahren Praxis voraus und führt zum DGSL-anerkannten Ausbildungstrainer für Suggestopädie, unter Beachtung der aktuell gültigen Richtlinien. Die lizenzierten Trainer bilden Suggestopädinnen und Suggestopäden nach den jeweils aktuellen Ausbildungsrichtlinien aus und zertifizieren sie.

Nach Erwerb der Ausbildungstrainer-Lizenz sind zu deren Erhalt jedes Jahr 40 Stunden Weiterbildung und zehn Stunden Supervision nachzuweisen. Die Nachweise werden der AK vorgelegt und von ihr überprüft.

Qualitätsstandards sichern und verbessern

Die genannten Aktivitäten tragen entscheidend dazu bei, ein Qualitäts- und Markenzeichen zu entwickeln, Standards zu halten und zu verbessern. Wer eine Grundausbildung absolvieren möchte, sollte wissen, dass er für Zeit, Aufwand und Geld bei verschiedenen Trainern auch Vergleichbares erhält. Er sollte wissen, dass die DGSL-anerkannten Ausbildungstrainer eine solide Kenntnisgrundlage besitzen und sich ihrerseits ständig weiterentwickeln und weiterlernen. Die Absolventen einer Grundausbildung sollen diese mit einem erkennbaren Zuwachs an Wissen, Kenntnissen und Fähigkeiten beenden und viel Praxisnahes mitnehmen.

Respekt vor individueller Einzigartigkeit

Wie bei jeder ganzheitlichen Methode spielen dabei Persönlichkeit und Integrität der Trainerinnen und Trainer eine große Rolle. Die „von der Trainerin ausgehenden Suggestionen", also ihre Lebenseinstellung, ihre innere Haltung zu anderen Menschen, ihre Prioritäten und Werte, werden im Unterricht wirksam, beeinflussen andere und deren (Lern-)Erfolg.

Suggestopädie kennt einen tiefen Respekt vor der individuellen Einzigartigkeit jedes Menschen, vor seinen besonderen Verhaltens-, Lern- und Verstehensweisen, vor seinen Bedürfnissen. Der Wille, Verantwortung für eine möglichst optimale, effektive und nachhaltige Wissensvermittlung zu übernehmen, setzt hohe Maßstäbe. Die Ausbildungskommission der DGSL trägt dazu bei, diesen Anspruch zu wahren, zu entwickeln, in nachvollziehbare Schritte zu zerlegen und für alle Interessierten transparent werden zu lassen.

Der suggesto-pädische Kreislauf

Einleitung

von Michaela Marx-Clément

Obwohl es nach Ansicht einiger Suggestopäden DIE Suggestopädie nicht gibt, existiert doch immerhin eine geregelte Abfolge von Elementen – ich nenne sie gerne Bausteine, da sie aufeinander aufbauen und erst zusammengenommen ein einheitliches Ganzes bilden und damit dann auch einen optimalen Lernerfolg garantieren. Einige dieser Bausteine, die den suggestopädischen Kreislauf bilden, sind: Einstieg (meistens ein „Centering"), Dekodierung, erstes (aktives) und zweites (passives) Lernkonzert, Aktivierung mit Transfer und Integration.

Bausteine der Suggestopädie

Die einzelnen Segmente können – nach gewissen Regeln – verschoben werden, sollten die Umstände oder die Zeit es erforderlich machen. Es ist auch möglich, das eine oder andere wegzulassen. Im Nicht-Sprachen-Bereich etwa wird sehr gerne das erste Lernkonzert weggelassen.

Die Aktivierung, die etwa 60 bis 70 Prozent des gesamten Kreislaufs einnimmt, kann je nach Gruppe oder Bedürfnissen geringer oder umfangreicher gestaltet werden. Die Suggestopädie ist nicht dogmatisch. Das Wichtigste ist, das vorher gesteckte Ziel spielerisch leicht zu erreichen.

Ganzheitlicher Lernprozess

Es ist nicht die Ideal-Verteilung der einzelnen Segmente am gesamten Kreislauf, die den Erfolg ausmacht, sondern es sind die suggestopädische Grundhaltung des Trainers und der Trainerin und die verschiedenen Aktivitäten, mit denen die Bausteine durch deren Animation zu einem harmonischen Ganzen miteinander verbunden werden.

Wie Sie die einzelnen Elemente des Kreislaufs gestalten und einsetzen, wird in den nachfolgenden Kapiteln ausführlich dargestellt.

Kapitel 5: Der Einstieg

von Brigitte Calenge

Die erste Stunde gibt den Teilnehmern einen Vorgeschmack auf das, was sich im Seminar abspielen wird. Aus diesem Grund ist es wichtig, bereits den Einstieg in ein Training oder eine Unterrichtsstunde sorgfältig zu bedenken – und der beginnt schon mit dem Erscheinen des ersten Teilnehmers. Ich gehe auf ihn zu und begrüße ihn persönlich, stelle Blickkontakt her. Es ist mir wichtig, dass sich jeder Teilnehmer willkommen fühlt.

Es lohnt sich, der Einstiegsphase Zeit und Aufmerksamkeit zu widmen, um eine entspannte, offene Stimmung und eine positive Gruppendynamik zu schaffen – die besten Voraussetzungen für einen erfolgreichen Seminarverlauf.

!

Alle folgenden Aktivitäten eignen sich sowohl für eine Seminar- oder Kurseröffnung als auch für eine Anfangssituation im weiteren Verlauf des Seminars bzw. des Kurses. Eine gute Möglichkeit, um die Zeit, bis alle Teilnehmer da sind, elegant zu überbrücken, bietet folgende Aktivität:

Motivierender Einstieg ins Seminar

Impulsplakate

Diverse Flipchartblätter hängen im Raum. Sie sind mit je einem Satzanfang beschriftet oder mit je einem Foto beklebt. Die Teilnehmer beenden die Satzanfänge oder schreiben etwas zu den Fotos. So werden zwanglos erste Kontakte geknüpft und die Übergangszeit wird aufgelockert. Die Trainerin und die Teilnehmer erfahren dabei Wertvolles über die Gruppe.

Bei Anfangssituationen im weiteren Verlauf des Seminars stimmen die Satzanfänge oder Fotos auf ein Thema ein und stellen eine Verbindung zur letzten Stunde her. Wissen kann damit abgerufen bzw. gefestigt werden. Beispiele für Satzanfänge am ersten Seminartag sind:

Satzanfänge

- Ich wünsche mir …
- Ich freue mich …
- Für mich ist es wichtig …
- Wenn das Seminar gut war, dann …
- Ich bin hierher gekommen, obwohl …
  (Übrigens: Dieses Blatt wird immer voll beschriftet!!)

- Mit Frankreich verbinde ich …
- In Italien kenne ich …
- Dieses Bild erinnert mich an …

Während des Seminars kann zum Beispiel mit folgenden Satzanfängen gearbeitet werden:

- Im Verkauf ist es besonders wichtig … (Verkaufstraining)
- Ich motiviere Mitarbeiter, indem ich … (Führungskräftetraining)

Willkommens-gruß Am ersten Trainings-/Unterrichtstag lege ich als Willkommensgruß ein kleines Geschenk auf die Stühle der Teilnehmer, das zum Thema oder zur Jahreszeit passt, etwa Süßigkeiten oder einen kleinen Gegenstand mit symbolischem Charakter.

Übungen für die Seminareröffnung

Heterogenität der Gruppe nutzen Ich heiße die Teilnehmer verbal und nonverbal willkommen und stelle dabei großzügig und schnell den Augenkontakt her. Ich schildere der Gruppe kurz meine Arbeitsweise, betone die Vorteile meines methodischen Ansatzes und erkläre, wie er die Teilnehmer beim Lernen unterstützen wird. Je nach Seminarinhalt spreche ich die möglichen vorhandenen Niveauunterschiede in der Gruppe gleich an und betone zugleich deren Vorteile: Alle können voneinander lernen und sich gegenseitig bereichern, wir können die unterschiedlichen (Vor-)Kenntnisse für die ganze Gruppe nutzbar machen. So lege ich den Samen für eine positive Einstellung zur Heterogenität der Gruppe und nehme unterschwelligen Ängsten die Kraft.

Der unsichtbare Gegenstand

Folgende Übung hilft, das Seminar erlebnisorientiert zu eröffnen: Still beuge ich mich nach vorn und hebe eine unsichtbare Knetmasse vom Boden ab, knete sie zu einem „Kunstwerk", verändere immer wieder etwas, bis mir das Ergebnis passt, und reiche es meinem Nachbarn still weiter. Er modelliert nun sein Kunstwerk und reicht es dann an seinen Nachbarn weiter. In einem Kommunikationstraining steht diese Übung dafür, dass sie die Veränderung einer Botschaft, wenn sie weitergegeben wird, bewusst macht, in einem Kreativitätsseminar, dass jeder Mensch kreativ sein kann.

Der Zungenlöser

Auf einem Flipchartblatt steht ein Satzanfang. Ich spreche ihn aus und beende den Satz. Jetzt werfe ich einem Teilnehmer einen Ball zu und lade ihn ein, den gleichen Satzanfang zu verwenden, den Satz jedoch für ihn passend zu beenden. Jeder in der Gruppe erhält den Ball. Hintergrund dieser Übung ist: Es ist immer leichter, einen Satz zu beenden, als eine Frage zu beantworten. Eine Frage „zwingt" zur Antwort. Ein Satzanfang bietet breitere Reaktionsmöglichkeiten. Beispiele für Zungenlöser sind:

- Als ich heute morgen aufgewacht bin …
- Als ich den Raum betrat …
- Beim nächsten Kunden werde ich …
- Als ich klein war …
- In Zukunft möchte ich …
- Wenn ich mehr Zeit hätte …

Beispiele für Zungenlöser

Stimmungsgesichter

Runde Moderationskreise mit verschiedenen Gesichtsausdrücken liegen auf dem Boden (darunter mehrere Gesichter mit dem gleichen Ausdruck). Ich lade die Teilnehmer ein, aufzustehen. Jeder nimmt das Gesicht, das seinen momentanen Zustand am besten symbolisiert. Ich lege beschwingte Musik auf und fordere alle auf, sich durch den Raum zu bewegen. Wenn die Musik stoppt, nehmen sie mit jemandem Kontakt auf, erzählen etwas zu ihrem „jetzigen Gesicht". Sobald die Musik wieder beginnt, verabschieden sie sich und gehen weiter, bis zum nächsten Musikstopp.

Alternativ kann mit Blanko-Moderationskreisen gearbeitet werden: Die Teilnehmer haben eine Minute, um das Gesicht zu malen, das ihren momentanen Zustand am besten symbolisiert; die beschränkte Zeit von einer Minute verhindert, dass sie in den Stress geraten, Kunstwerke malen zu müssen.

Gefühle ausdrücken

Soziometrische Übungen

Jacob Levy Moreno entwickelte neben dem Psychodrama auch die Soziometrie. Die Grundidee: Beziehungen und Interaktionen der Einzelnen innerhalb einer Gruppe (Kurs, Familie, Firma etc.) sichtbar und erlebbar im Raum machen. Ziel der Übungen ist es, über Bewegung und Positionieren im Raum die Teilnehmer zu veranlassen, etwas über sich zu erzählen. Für das Seminar bieten sich verschiedene Möglichkeiten an:

- Der Raum als Landkarte mit den vier Himmelsrichtungen: Die Mitte stellt den Platz, die Stadt, das Land dar, wo sich die Gruppe befindet. Gefragt wird zum Beispiel nach Geburtsort, Wohnort, Arbeitsort, letzter Urlaubsort, nächstem Urlaubsort, Wunschurlaubsland, Lieblingsstadt in Deutschland ...

- Vorlieben erfragen: Diejenigen Teilnehmer zum Beispiel, die gerne Rad fahren, begeben sich an eine bestimmte Stelle im Raum (dabei zeigt der Trainer nicht mit dem Finger in die Ferne, sondern bewegt sich dorthin). Diejenigen, die nicht gerne Rad fahren, gehen woandershin (der Trainer geht zu einem anderen Platz), und diejenigen, die gerne mehr Rad fahren würden, wiederum an einen anderen Ort. Der Trainer fragt eventuell: „Gibt es etwas, was Sie gerne über die anderen erfahren möchten?", und überlässt es schließlich den Teilnehmern, selbst Fragen zu stellen.

- Kreis bilden: Die Teilnehmer stellen sich in alphabetischer Ordnung etwa ihres Vornamens im Uhrzeigersinn auf (oder nach Geburtsmonat im Jahr, dem Alter ...) und befragen sich.

- Linie bilden: Die Teilnehmer bilden eine Linie – die „Anordnung" ergibt sich zum Beispiel daraus, wie lange sie in ihrem Beruf tätig sind oder an ihrem Wohnort wohnen.

Die Kraft der Symbole

Ich stelle die Suggestopädie gerne mithilfe von Gegenständen vor. Diese liegen in der Kreismitte auf bunten Jongliertüchern um einen Blumenstrauß herum. Die Teilnehmer suchen sich je einen Gegenstand aus. Dann hole ich bei der Vorstellung der Suggestopädie nach und nach von jedem Teilnehmer den Gegenstand ab, der gerade passt, sage etwas dazu und lege ihn auf den Boden. Nach und nach entsteht eine Lernstraße im Raum (diese wird später von den Teilnehmern begangen). Auf diese Weise ist jeder Einzelne in dem Entdeckungsprozess der Suggestopädie involviert. Jeder hält in seinen Händen „einen Teil" der Methode. Das stärkt das Zusammengehörigkeitsgefühl. Geeignete symbolische Gegenstände sind:

- Die Walnuss stellt die beiden Gehirnhemisphären dar.
- Der Ball steht für das Bewegungselement, die CD für den Einsatz von Musik, der Zauberstab für den aktiven und passiven Rhythmus.
- Das Holzbrettchen: Vor die Stirn gehalten stellt es „das Brett vor dem Kopf" dar, also die hemmenden Suggestionen, und wenn man es umdreht, erscheint ein Spielbrett, das aus Klebepunkten gestaltet ist.

Schon viele Teilnehmer haben mir gesagt, dass sie sich dadurch an die „Zutaten" der Suggestopädie gut erinnern können. Und mir macht das Suchen nach dem passenden Gegenstand für diverse Themen einfach Spaß.

Kapitel 6: Die Dekodierung

von Claudia Feichtenberger

Die Dekodierung, auch Decoding oder Präludium genannt, ist eine kurze, meist kognitive Phase vor der aktiven Stoffpräsentation und schließt direkt an die geistige Einstimmung an. Die Dekodierung dient dazu, die Teilnehmerinnen und Teilnehmer auf die neuen Inhalte vorzubereiten, neugierig zu machen und erste neue Inhalte wie Fachbegriffe, Hauptthemen und Schwerpunkte einzuführen. Die Dekodierung bietet ihnen eine erste Orientierung und ist das Fundament, auf dem aufgebaut wird.

Der Begriff Dekodierung verweist auf eine Entschlüsselung, das Knacken eines Codes. In einem Präludium – ein Begriff aus der Musik, der „Vorspiel" bedeutet – klingen schon die wichtigsten Themen des Stückes an.

Der Hörer wird sozusagen auf das eingestimmt, was dann kommt. Und genau darum geht es in der Dekodierung. Unser Gehirn merkt sich Dinge leichter, wenn nicht auf einmal zu viele, gänzlich neue und unbekannte Detailinformationen auf uns einstürmen. Ist das der Fall, ziehen wir uns zumeist zurück, schalten innerlich ab. Bekommen wir dagegen einen Überblick präsentiert, sozusagen die „groben Brocken", steigt unsere Neugier und wir öffnen uns für das Thema und für das Lernen.

So eingestimmt und vorbereitet, nehmen die Lerner die neuen Inhalte, die anschließend präsentiert werden (zum Beispiel durch ein erstes Lernkonzert oder eine Lernlandschaft), leichter auf, weil nicht mehr alles gänzlich neu ist und das Gehirn an bereits Bekanntes anknüpfen kann.

Dekodierung und Stoffpräsentation Die Dekodierung sollte zu Beginn der Stoffpräsentation eingesetzt werden, am besten nach einem Centering, also dem Einstieg. Oft wird die Dekodierungsphase auch mit einer Wiederholung gekoppelt, die dann elegant zu neuen Inhalten überleitet. Für den Zeitrahmen sind folgende Richtwerte zu empfehlen: zwei bis fünf Minuten bei zwei Unterrichtseinheiten, fünf bis zehn Minuten bei einem Tagesseminar. Methodisch-didaktische Überlegungen können auch zu einer ganz anderen Zeiteinteilung führen.

Halten Sie die Dekodierung wirklich kurz. Geben Sie klare und knappe Informationen und erliegen Sie nicht der Versuchung, schon allzu tief ins Thema einzudringen oder abzuschweifen! Wählen Sie Methoden, die alle Sinne ansprechen und Ihre Teilnehmer aus der Reserve locken.

Die Dekodierung in der Praxis

Im Folgenden finden Sie die Darstellung einiger Übungen, die Ihre Teilnehmer motivieren, miteinander zu kommunizieren.

Mann und Frau
Sie brauchen dafür Kartenpaare mit Begriffen, die eindeutig zusammengehören und die mit dem Thema zusammenhängen, etwa Mann und Frau, Sonne und Mond, to hide und verstecken, Tag und Nacht, Motivation und movere, Controlling und Controller.

Kommunikation herbeiführen Die Teilnehmer müssen nun Kartenpaare finden. Dazu werden die Karten verdeckt auf den Boden gelegt, die Teilnehmer eingeladen, aufzustehen, um ein oder zwei Karten zu nehmen und dann herumzugehen und zu schauen, was die anderen für Kärtchen haben. Sie tauschen dann Kärtchen, damit jeder Paare sammeln kann. Anschließend werden im Plenum die Inhalte mit den Teilnehmern aufgearbeitet. Achten Sie auf das Tempo, die Übung sollte schnell vonstatten gehen.

- Variante 1: Paare können auch aus einer Wortkarte und einer Karte mit einem Bild oder einer Zeichnung gebildet werden.
- Variante 2: Paare werden aus identischen Begriffen gebildet. Diese Variante kann gewählt werden, wenn es schwierig ist, eindeutige Paare zu finden.

Abgesehen von der Auseinandersetzung mit dem aktuellen Thema kommen Ihre Teilnehmer schnell miteinander in Kontakt.

Fun-Cards
Bei dieser Übung werden Kärtchen benötigt, auf denen jeweils Fachbegriffe, Fremdwörter, Vokabeln, Formeln usw. stehen, die direkt mit den Seminarinhalten zusammenhängen. Schreiben Sie möglichst groß und sauber. Wenn Sie Plakatschreiber mit abgeschrägter Spitze verwenden, geht das besonders leicht.

Die Kärtchen werden im Raum verteilt: auf dem Boden, auf Fensterbänken oder angelehnt an Gegenstände. In der ersten Runde werden die Teilnehmer eingeladen, sich im Raum zu bewegen und die Kärtchen einfach anzuschauen. In der zweiten Runde sollen sie sich noch einmal alle Kärtchen anschauen und eine Karte auswählen, mit der sie absolut nichts anfangen können.

Einführung in Seminarinhalte

Dann erarbeitet das Plenum – eventuell im Stehkreis – die Inhalte der Kärtchen. Zuerst werden die Fragen „Womit können Sie nichts anfangen? Was könnte es sein?" an denjenigen gerichtet, dessen Karte erarbeitet wird. Danach kommen andere Teilnehmer zu Wort, und erst zum Schluss, falls noch erforderlich, sagt der Trainer selbst, worum es geht. Die Methode stellt sicher, dass alle Teilnehmer sich alle Begriffe zweimal anschauen: Die Teilnehmer machen sich schnell mit neuen Begriffen, um die es in dem Seminar geht, vertraut, sie werden in den Stoff eingeführt.

One-Woman / Man-Show
In der One-Woman / Man-Show – Sie brauchen dazu ein vorbereitetes Thema und eventuell ein Requisit – stellt der Trainer abwechselnd zwei Personen dar, die miteinander kommunizieren. Jede Person hat dabei einen festen Platz, und durch den Platzwechsel (verbunden mit einem

eventuellen Stimm-/Requisitenwechsel) ist es für den Zuschauer klar, wer spricht.

Das Setting Bei der One-Woman/Man-Show unterhalten sich zwei Personen über das Thema, um das es dann anschließend inhaltlich geht. Wichtig: Überlegen Sie genau, welche fachlichen Inhalte Sie in der Show vermitteln wollen, und finden Sie für die Show ein passendes „Setting", also einen passenden Rahmen. Üben Sie die One-Woman/Man-Show im stillen Kämmerlein.

Möglichkeiten für ein „Setting" sind:

- Unterhaltung im Flugzeug oder Zug
- Gespräch mit der besten Freundin
- Telefonat (mit Behörde, Familienmitglied, Kollegen, Firma, Beschwerdedienst)
- Gespräch mit einem Kind (kann gut viele Fragen stellen)
- Fachaustausch zwischen zwei Experten
- Interview mit einem Politiker/Experten/Passanten

Ich möchte Ihnen das Verfahren an einem Beispiel verdeutlichen: Die Trainerin steht hinter zwei Stühlen und kündigt die One-Woman-Show an. Ort der Handlung ist der Flug 405 von Frankfurt nach Graz, Business-Class. Mit dabei sind: Frau Jantscher, internationale Bankerfrau aus Graz (Trainerin stellt sich hinter einen Stuhl), und Frau Schneider, Ärztin aus Berlin (Trainerin stellt sich hinter den anderen Stuhl und legt sich ein Tuch über die Schulter).

Beispiel Die Trainerin setzt sich auf den Stuhl von Frau Jantscher und blättert ziemlich schnell ein Buch rhythmisch durch, legt dann das Buch auf den Stuhl und wechselt auf den Platz von Frau Schneider. Sie legt sich dabei das Tuch um die Schulter. Als Frau Schneider schaut sie dann Frau Jantscher an und lässt die Zuschauer an ihren Gedanken teilhaben: „Wach ich oder träum ich? Was tut denn diese Frau? Es schaut so aus, als ob sie das Buch durchblättert! Verrückt! Ob sie das liest? So ganz verrückt schaut sie gar nicht aus, wirkt sehr seriös, fliegt auch Business-Class wie ich …"

Trainerin als Schauspielerin *Platzwechsel:* Frau Jantscher blättert weiter, dreht das Buch um, als sie am Ende angelangt ist, und blättert es dann zurück. Und wieder *Platzwechsel* – Frau Schneider sagt: „Aber jetzt spinnt sie total! Dreht das Buch um, blättert es zurück, einfach unglaublich! Der ganze Text steht ja auf dem Kopf! Soll ich sie ansprechen? Vielleicht kann sie etwas, was auch für mich gut wäre? Eigentlich trau ich mich nicht so recht, sie anzusprechen. *(Pause)* Ich spreche sie doch an! ‚Entschuldigen Sie, dass ich Sie so direkt anspreche, aber es wirkt so eigenartig auf mich, was Sie da mit dem Buch machen.'"

Platzwechsel: Frau Jantscher meint: „Hallo! Ja, das verstehe ich gut, dass das mit dem Blättern vielleicht etwas befremdlich auf Sie wirkt. Wissen Sie, ich bin PhotoReaderin und bearbeite gerade ein neues Buch." *Platzwechsel,* Frau Schneider sagt: „PhotoReaderin? Das habe ich noch nie gehört!" Und wieder *Platzwechsel:* Frau Jantscher: „Wissen Sie, ich mache PhotoReading. Durch diese Schnelllesetechnik spare ich mindestens 80 bis 90 Prozent der Lesezeit, und das ist schon eine ganz Menge, bei dem vielen, was ich als internationale Bankerin an neuesten Infos zu bewältigen habe …"

Platzwechsel – Frau Schneider: „Das ist wirklich interessant! Können Sie mir mehr darüber erzählen? Auch ich habe so viel Fachliteratur zu sichten, ständig kommt etwas Neues auf mich zu, manchmal habe ich das Gefühl, dass für meine eigentliche Arbeit – ich bin Ärztin – gar keine Zeit bleibt."

Und so geht es weiter, das PhotoReading-System wird kurz erklärt, die Maschine landet und die beiden Frauen verabschieden sich. Und Ihre Teilnehmer sind auf den Seminarinhalt eingestimmt!

Bei einer One-Woman/Man-Show haben Sie die gesamte Aufmerksamkeit der Teilnehmer. Diese sind zwar nicht aktiv im Sinne von Sprechen, Fragen, Tun und Bewegen, jedoch sind sie emotional bewegt und voller Aufmerksamkeit mit dabei. Diese Shows kommen wirklich gut an!

Emotionale Aufmerksamkeit

Viele Methoden, die man beim Dekodieren verwenden kann, können auch an anderen Stellen des suggestopädischen Kreislaufs eingesetzt werden.

Allein der didaktische Ort entscheidet, wie diese Methoden eingesetzt werden und welche Ziele damit erreicht werden können. So kann etwa eine One-Woman/Man-Show auch als Stoffpräsentation eingesetzt werden. In diesem Fall ist die Show wesentlich länger und inhaltlich dichter als im Einsatz bei der Dekodierung.

Kapitel 7: Das erste oder aktive Lernkonzert

von Edi Bauer

Im suggestopädischen Unterricht gibt es zwei unterschiedliche Lernkonzertformen: ein erstes und ein zweites Lernkonzert: Der Stoff der gesamten Unterrichtseinheit wird mithilfe eines umfangreichen, aber gut verständlichen Textes präsentiert.

Beim ersten, dem aktiven Lernkonzert wird der Text vorgelesen, während gleichzeitig Musik zu hören ist.
Dabei passt der Vortragende seinen Sprechstil der Musik an.

Aktives und passives Lernkonzert

In den darauf folgenden Phasen der Aktivierung wird im Sprachunterricht mit dem unveränderten Text gearbeitet, im Sachunterricht wird verstärkt auf die Inhalte eingegangen, die dann auch vertieft werden. Die Bezeichnung „aktives Lernkonzert" wird deshalb verwendet, weil hier die Lernenden den Text vor sich haben und mitlesen können. Da während des Vortrags des anspruchsvollen Textes Musik zu hören ist, werden gleichzeitig beide Gehirnhemisphären angesprochen.

Beim anschließenden zweiten, dem passiven Lernkonzert wird den Teilnehmern derselbe Text zu langsamer Musik präsentiert – sie sind scheinbar passiv – mehr dazu in Kapitel 10.

Tipps für die Textgestaltung

Beim Erstellen des Textes gibt es einige Prinzipien zu berücksichtigen, damit dieser lerngerecht ist: Zum einen erhalten die Lernenden einen Gesamtüberblick über die Inhalte der Lerneinheit. Dabei sollte die Trainerin oder der Trainer Details ansprechen, aber noch nicht erschöpfend erklären. Das erfolgt später in der Aktivierung. Die Texte müssen für die Zielgruppe anschaulich und verständlich sein. Besonders wichtige Inhalte werden mindestens dreimal im Text wiederholt.

Lernkonzert gestalten

Wichtig ist, dass Sie die Inhalte in eine interessante Geschichte „verpacken". Geschichten werden wesentlich leichter behalten als sachlich formulierte Abhandlungen. Verwenden Sie nur positive Formulierungen: In der „Lern-Story" können Sie berichten, wie schwierige Situationen von den „Akteuren" überwunden werden. Spannung ist wünschenswert, Sie sollten aber vermeiden, Ängste zu schüren.

Texte, die Sie in Dialogform erstellen, sind abwechslungsreicher. Damit **Dialogform**
fördern Sie die Aufmerksamkeit der Teilnehmer und das Behalten deutlich. Bei Dialogen versuchen die Zuhörer – je nach Themengebiet –, die aufgeworfenen Fragen dann (simultan) selbst zu beantworten, oder stellen sich selbst Fragen. Schon damit sind sie aktiv in den Lernprozess eingebunden.

Schreiben Sie kurze Sätze und verwenden Sie einen einfachen Satzbau. **Einfacher**
Sinneinheiten müssen auch zusammen dargeboten werden. Benutzen **Satzbau**
Sie bei der Texterstellung deshalb den manuellen Zeilenwechsel und schreiben Sie jede Sinn-Einheit in eine eigene Zeile, auch wenn noch Platz für weitere Wörter vorhanden wäre. Eine Zeile sollte nur ca. zwölf Silben umfassen. Denn das menschliche Gehirn kann in einer Sekunde bis zu zwölf Silben erfassen, für doppelt so lange Zeilen sind bis zu vier Sekunden notwendig. Ein Text mit kurzen Zeilen, bei dem Sinneinheiten zusammenhängen, kann also schneller gelesen werden und ist leichter zu verstehen. Da es bei dieser Schreibweise auf der linken Seite nur relativ kurze Zeilen gibt, haben Sie auf der rechten Seite Platz für weitere Informationen:

- Im Sprachunterricht können Sie auf der rechten Blatthälfte **Aufbau des**
  die Übersetzung in der Muttersprache notieren (entweder die **Lernkonzerts**
  vollständige Übersetzung oder nur die neuen Vokabeln / Redewendungen im Fortgeschrittenen-Unterricht).
- Im Sachunterricht finden sich in der rechten Spalte häufig
  zusätzliche Erklärungen, wichtige Schlüsselwörter oder
  passende Abbildungen.

Kennzeichen des ersten oder aktiven Lernkonzerts

Aufgrund der unterschiedlichen Aufgabenstellungen unterscheiden sich Lernkonzerte für Sachthemen wie etwa EDV oder Wirtschaftsthemen von denen für Sprachen. Im Sprachunterricht wird der Inhalt auf eine besonders dramatische Art vorgetragen. Das wertet den Lernstoff ästhetisch auf. Das erste Lernkonzert ist ein Höhepunkt in der Darbietung des Lernstoffes. Der Trainer „schenkt" den Teilnehmern den Unterrichtstext. Damit wird die Informationsvermittlung zum Ereignis. Der Text wird zu dynamischer, klassischer Musik mit etwa 70 bis 80 Schlägen pro Minute vorgetragen. Als Sprecher passen Sie Ihren Vortrag dem Charakter der Musik an. Die Aussprache ist deutlich. Ihre Stimme wirkt als Instrument im Orchester.

Verständnis für Seminarthemen wecken

Im Sachunterricht ist das aktive Lernkonzert eine sehr gute Möglichkeit, das Verständnis für die zu behandelnden Themen zu fördern und einen Gesamtüberblick zu vermitteln. Deshalb gibt es keinen Grund, im Sachunterricht auf das erste Lernkonzert zu verzichten. Für die Teilnehmer ist es interessanter, wenn der Text als Dialog verfasst ist. Dann können ihn Teilnehmer, die (ohnehin) gerne vortragen, selbst präsentieren. Diese Teilnehmer erhalten den Text vorab und bekommen Zeit, um sich vorzubereiten. In diesem Fall können Sie auf Musik verzichten, da ungeübte Vortragende damit überfordert sein könnten.

Bei Sachthemen kommt es ausschließlich auf den Text an und nicht auf die korrekte Aussprache. Also besteht keine Gefahr, dass Teilnehmer, die den Inhalt noch nicht ganz verstehen, Fehler machen, die Auswirkungen hätten. Das wäre bei einer falschen Aussprache und falschen Betonung im Sprachunterricht leicht der Fall.

Gesteigerte Aufmerksamkeit

Gerade in EDV-Seminaren ist zu beobachten, dass bei Vorträgen durch mehrere Personen im Dialog die Aufmerksamkeit der Teilnehmer um ein Vielfaches höher ist als beim Vortrag durch den Trainer.

Dadurch, dass der gesamte Stoff einer kompletten Schulungseinheit innerhalb weniger Minuten präsentiert wird – und das noch mit Musik und in einer besonderen Vortragsform –, kommt es zu einer Überflutung mit Reizen und Informationen, die jedoch beabsichtigt ist. Das sollten Sie Ihren Teilnehmern klar machen und sie beruhigen. Es ist nicht beabsichtigt, dass alle Inhalte beim ersten Hören sofort behalten werden. Zum Vertiefen und Wiederholen gibt es weitere Phasen im suggestopädischen Kreislauf. Andererseits wird jedem Teilnehmer aus dem großen Wissensangebot etwas in Erinnerung bleiben, vermutlich jedem etwas anderes. Aus dem großen Informationsangebot kann jeder Teilnehmer individuell auswählen, was ihm wichtig ist und was er sofort behalten kann oder will.

Vertiefung der Inhalte

Die inhaltlichen Elemente werden in den folgenden Phasen des suggestopädischen Kreislaufs gezielt vertieft, und zwar bis zur Wiederholung im zweiten, dem passiven Lernkonzert.

Musikstücke

Es sind insbesondere die Konzerte der Wiener Klassik, Beethovens Symphonie Nr. 5, Leonora Ouvertüre, Haydns Symphonie Nr. 100, Tschaikowskys Schwanensee und Brahms' Konzert für Violine und Orchester, d-Moll, op. 77, die beim ersten Lernkonzert eingesetzt werden können.

Ich möchte Ihnen nun anhand eines Dialogs zur Einführung in Microsoft PowerPoint zeigen, wie ein Lernkonzert aufgebaut wird. Das Thema lautet: Einstellungen in der Masteransicht. Erarbeitet wurde dieser Text beim Methodenwexel©-P.L.U.S.-Seminar im August 2005 in Regen.

Beispiel für ein Lernkonzert

Susi Ratlos kommt zu Mike Power. Mike Power ist Experte für PowerPoint.

Susi   *Stell dir vor:*
Mein Chef will in einer halben Stunde
meine bereits fertige Präsentation nachgebessert haben!
Dabei sind das über hundert Folien auf einmal!

Mike   Wo liegt da dein Problem? Das ist doch ganz einfach.   **Master-**
Ist dafür keine passende Master-Vorlage vorhanden?   **Vorlage**

Susi   *Nein.*   **Corporate**
Wir haben doch jetzt das neue CD (Corporate Design),   **Design**
und da gibt es noch keine Vorlagen
wie früher üblich!

Mike   Die kannst du dir ja leicht selbst erstellen.
Was will dein Chef denn genau geändert haben?

Susi   *Ich soll rechts oben ein Logo einfügen,*   **Logo**
die Schriftart der Überschriften gefällt ihm nicht,   **Copyright**
dann will er noch eine Copyright-Notiz
am unteren Rand haben,   **Aufzählungs-**
und zudem gefallen ihm die Aufzählungszeichen nicht.   **zeichen**
Ich hab mir das schon mal angeguckt,
aber allein das genaue Positionieren des Logos auf jeder
Folie dauert ja ewig!
Da muss es doch eine schnellere Methode geben.

Mike   Wolltest du etwa das Logo auf jeder Folie einzeln einfügen?

Susi   *Klar,*
es muss ja auf jede Folie drauf,
genau wie die Copyright-Notiz!

Mike   Kennst du den „Master" noch nicht?   **Folienmaster**

Susi	*Master?*
Mike	Ja! Bei PowerPoint hast du zwei Möglichkeiten, das Aussehen von Folien zu verändern: Entweder nimmst du Änderungen auf jeder einzelnen Folie vor oder du kannst an einer zentralen Stelle, nämlich dem Master, das Aussehen der **gesamten** Präsentation beeinflussen.
Susi	*Du meinst,* *ich definiere eine Folie und das gilt dann für alle?*
Mike	Genau!
Susi	*Also so, wie Briefe auf Briefpapier zu schreiben?*
Mike	So kann man es sagen. Du hast zum einen die Folien, auf denen der Inhalt eingegeben wird, und zum anderen den Master, auf dem du das Design der Präsentation bestimmst.
Susi	*Und wie mache ich das?*
Mike	Du rufst unter dem Menüpunkt Ansicht den Befehl Master auf und wählst im Untermenü den Punkt Folienmaster aus.

**Ansicht /
Master /
Folienmaster**

Susi	*Ach ja! Und dann?*
Mike	Dann kannst du hier weiterarbeiten wie auf der Folie: Du markierst, was du verändern willst, und rufst die entsprechenden Befehle auf! Zum Beispiel fügst du das Logo rechts oben in der Ecke ein, und schon hast du auf jeder Folie das Logo an der gleichen Stelle stehen!
Susi	*Da kann dann das Logo auch nicht mehr „springen"?!*
Mike	Richtig! Die gesamte Präsentation bekommt dann ein professionelles Aussehen.

**Professio-
nelles
Aussehen**

Susi	*Und wie formatiere ich meine Überschriften um?* *Da sind doch auf jeder Folie andere Texte!*	
Mike	Ja, aber die sitzen alle im „Überschriften-Platzhalter". Du klickst jetzt im Master auf den Überschriften-Platzhalter und änderst die Formatierung. Und so, wie das Logo auf jeder Folie erscheint, hast du damit das Aussehen aller Überschriften-Platzhalter der Präsentation verändert. Das Gleiche gilt für die Gliederungstexte und Aufzählungs- zeichen!	**Platzhalter anpassen** **Gliede- rungstexte** **Aufzählungs- zeichen**
Susi	*Und meine Copyright-Notiz?*	
Mike	Da kannst du einen Fußzeilen-Platzhalter im Master positionieren und umformatieren. Den Text hierfür gibst du dann allerdings unter dem Menü Ansicht / Kopf- und Fußzeile per Hand ein.	**Fußzeile**
Susi	*Der Master ist ja wirklich praktisch.* *Und was kann ich hier noch alles einstellen?*	
Mike	Alles, was für die gesamte Präsentation gelten soll: Schriftart und Schrifteinstellungen Hintergrund, Folienübergänge, Animationen und was dir sonst noch alles einfällt. Wichtig ist eben: **Alles**, was du im Master einstellst oder eingibst, erscheint auf **allen** Folien der Präsentation! Inhalte wie verschiedene Texte, Bilder, Diagramme oder Ähnliches gehören hier **nicht** rein.	**Schrift** **Hintergrund** **Folien- übergänge** **Animationen**
Susi	*Wow! Danke für die starken Tipps. Ich glaube, jetzt kann ich* *getrost ans Werk gehen und bin innerhalb kurzer Zeit mit* *den Änderungen fertig. Da wird mein Chef aber staunen!*	**Kurze Zeit**
Mike	Gern geschehen. Viel Erfolg!	

Kapitel 8: Andere Präsentationsmethoden

von Claudia Feichtenberger

Das erste Lernkonzert ist eine wunderbare Methode, Teilnehmerinnen und Teilnehmern die neuen Inhalte zu präsentieren. Gleichzeitig gibt es noch weitere Möglichkeiten, eben andere „Präsentationsmethoden", von denen ich Ihnen drei vorstellen möchte.

Inhalte außergewöhnlich präsentieren

Interessant ist, dass in der Suggestopädie davon gesprochen wird, die Inhalte zu „präsentieren". Dieser Begriff löst bei Ihnen vielleicht Assoziationen von einem Silbertablett aus, auf dem kostbare Dinge liegen, die dargereicht werden. Die suggestopädischen Ausbildungen vermitteln dementsprechend, dass wir für die Präsentation von neuen Inhalten alles einsetzen sollen, was gut und teuer ist. Das drückt folgende Haltung aus: „Ich habe etwas Besonderes für dich und bereite es dir sorgsam auf und freue mich, wenn du daran Gefallen findest!" Im Gegensatz dazu spricht man in der österreichischen Schule davon, Stoff zu „machen" – und die Schüler sind im Allgemeinen froh, wenn der Lehrer wenig Stoff in einer Stunde „macht".

Das Beispiel „Lernlandschaft"

Je nach Umfang, Methode und Inhalt dauert es zwischen 10 und 20 Minuten, eine Präsentationsmethode einzusetzen; es sind auch längere Phasen möglich. Überlegen Sie sich genau, was Sie wirklich vermitteln möchten: Geht es eher um einen Überblick über das Thema, eher um Detailinformation und Vertiefung?

Seminarinhalt visualisieren

Wie das Ganze in der Praxis aussieht, zeigt das Beispiel „Lernlandschaft". Sie benötigen dazu Requisiten zum Thema, Platz am Boden, ein Tuch; wählen Sie ein geeignetes Setting aus, also einen entsprechenden Rahmen.

Zunächst führt der Trainer die Teilnehmer in das Stoffgebiet ein, indem er darüber spricht und Schritt für Schritt vor ihren Augen am Boden mit den Requisiten eine „Lernlandschaft" entstehen lässt. Die Gegenstände werden dann mit den Inhalten verknüpft und unterstützen so die Teilnehmer, sich der Inhalte zu erinnern. Wenn dazu noch das passende Setting gewählt wird, steigen die Spannung und das Interesse – die Teilnehmer behalten die Inhalte besser. Wird die Lernlandschaft auf einem Tuch aufgebaut, hebt sie sich mehr vom Untergrund ab, und der Aufmerksamkeitsgrad erhöht sich nochmals.

Anregungen für ein passendes Setting sind:

- „Eine Marketingfachfrau gibt die heißesten Tipps preis" (Marketing)
- „Geheimcode XX0877" (Internet)
- „Maria Theresia besucht ein modernes Gymnasium" (Schulsystem)
- „Das Wort ‚Gracias' erzählt aus seinem Leben"
  (Entwicklung der spanischen Sprache)

Als Requisit kann alles dienen, was nicht niet- und nagelfest ist. Ein Glöckchen, ein Duft, etwas zum Schmecken darf auch dabei sein – alle Sinne sollen angesprochen werden. Kärtchen werden mit kurzen Informationen (Jahreszahlen, Fachtermini etc.) beschriftet, und zwar in sauberer und großer Schrift, damit das Unterbewusstsein sie leicht erfassen kann.

Passende Requisiten

Die Teilnehmer können in die Gestaltung der Lernlandschaft einbezogen werden, indem sie Requisiten erhalten und im entsprechenden Augenblick den Gegenstand platzieren oder die Info auf einem Kärtchen laut vorlesen und das Kärtchen anschließend hinlegen.

Teilnehmer einbeziehen

Das Beispiel „Expertenrunde"

Gebraucht werden Infocards, ein passendes Setting und herausfordernde Fragestellungen. Infocards sind Karten in DIN-A4- oder DIN-A5-Größe, auf denen die Infos wieder möglichst groß und mit dem Computer geschrieben werden. Die Informationen werden verschiedenen Rollen (auch Personen) zugeordnet, jede Karte beschreibt eine Rolle. Das heißt: Jeder Teilnehmer wird in die Rolle eines Experten versetzt.

Auf der Vorderseite der Infocard kann man den Namen der Rolle schreiben, etwa „Dr. Lozanov", „Mrs. Gatewa", „Zur Entwicklung der Suggestopädie" oder „Zeitmanagement", und auf die Rückseite schreibt man die entsprechenden Informationen zum jeweiligen Expertenthema. Wählen Sie die Namen so, dass sie mit den Inhalten zusammenpassen, so entsteht ein zusätzlicher Behaltensanker.

Infocards

Alternativ können Sie in der Infocard oben links und rechts mit einem Locher je ein Loch machen und eine längere Schnur daran befestigen. Der Teilnehmer hängt sich die Infocard so um, dass die anderen den Namen sehen. Wenn die Schnur lang genug ist – die Karte liegt dabei in Bauchhöhe –, kann der Teilnehmer bequem die Karte so halten, dass er auch noch die Info auf der Rückseite lesen kann.

Animierendes Setting

Als passendes Setting bieten sich zum Beispiel an:

- Diskussionsrunde im Fernsehen oder Radio (Namen für die Sendung wählen!)
- Interviews bei einem Kongress (Ärztekongress, Verkäufertagung)
- Fachtagung eines Berufsverbandes („6. Fachtagung der …")

Provokative Fragestellungen

Ziel ist es, eine Gesprächs-/Diskussionsrunde zu einem Thema in Gang zu setzen. Die Infocards machen die Teilnehmer zu Experten. Ist in der Fragestellung der Expertenrunde eine Herausforderung und Provokation enthalten, werden diese Runden zu einem besonders lebendigen und intensiven Erlebnis. Bei dem Thema „Zeitmanagement" etwa ist eine solche provokative Fragestellung: „Wie lässt sich die Zeit verlangsamen?"

Die Infocards/Rollen werden an die Teilnehmer verteilt, der Trainer moderiert das Geschehen. Er führt in das Thema ein, sorgt dafür, dass alle zu Wort kommen, er ergänzt und fasst zusammen. Je nach Gruppengröße kommt es vor, dass einige Teilnehmer keine Rolle bekommen. Diese kann man aktiv am Geschehen beteiligen, indem man ihnen die Rolle des Fragers, Skeptikers, des Befürworters usw. zuweist. Bei der „Expertenrunde" setzen sich die Teilnehmer intensiv mit den neuen Inhalten auseinander, in der Regel ist die Teilnehmerbeteiligung sehr hoch.

Das Beispiel „Stationenlauf"

Gebraucht werden mehrere Stationen, an denen Arbeitsaufträge ausliegen. Gestalten Sie die Aufträge so, dass alle Sinne einbezogen werden.

Arbeitsaufträge

Was passiert an den einzelnen Stationen? Dazu einige Anregungen:

- Inhalt eines Textes in ein Bild umsetzen
- Texte, in denen bestimmte Dinge unterstrichen werden (etwa Fachausdrücke)
- Anhören eines Textes/Liedes mit CD/Kassette (eventuell vom Trainer selbst besprochen)
- ordnen/zuordnen von Inhalten, Begriffen (Kärtchen)
- eigene Infocard herstellen (für eine bestimmten Rolle)
- Inhalte in Bewegung umsetzen
- ein Modell basteln
- Interviews machen
- Lernplakat gestalten
- Symbole finden zu den Kernpunkten
- ein Spiel spielen

Ziel ist, dass sich die Teilnehmer neue Inhalte selbstständig erarbeiten, alleine oder im Team. Die Teilnehmer wandern von Station zu Station oder jedes Team beschäftigt sich mit ein oder zwei Stationen. Anschließend klären die Teilnehmer offene Fragen, diskutieren miteinander oder präsentieren ihre Ergebnisse.

Die vorgestellten Methoden sind vorbereitungsintensiv – es gilt, passende Requisiten für die Lernlandschaft zu finden, die Infocards für die Expertenrunde zusammenzustellen oder die Stationen vorzubereiten. Deshalb: Wählen Sie diese Methoden, die übrigens viel Spaß machen, für Inhalte aus, die Sie immer wieder trainieren oder unterrichten. Verwenden Sie viel Sorgfalt bei der Herstellung des Materials (indem Sie die Infocards zum Beispiel laminieren) und achten Sie darauf, dass wirklich alles, was Ihnen wichtig ist (wie Ausnahmen, Kerninfo), eingebaut ist – damit erhöhen Sie den Nutzen dieser Präsentationsmethoden.

Inhalte selbstständig erarbeiten

Kapitel 9: Die Aktivierungsphase
von Verena Damm und Susanne Daum

Suggestopädischer Unterricht unterscheidet zwischen zwei Aktivierungsphasen: der Primär- und der Sekundäraktivierung. Die Primäraktivierung beansprucht nur einen geringen Teil des suggestopädischen Kreislaufs, die Sekundäraktivierung dagegen nimmt zeitlich den mit Abstand größten Raum ein. Die Aktivierungsphase leistet die Festigung des Stoffes, die Übung, Anwendung und den Transfer. Der Stoff des Lernkonzertes wird also gefestigt und dann in Teilbereichen geübt, angewendet und auf die eigene Praxis oder einen allgemeineren Kontext übertragen.

Inhalte festigen

Die Primäraktivierung

Stellen Sie sich vor, Sie betreten einen Unterrichtsraum, in dem die Kursteilnehmer gerade in einer Reihe durch den Raum schreiten. Alle Anwesenden halten den Text eines Lernkonzertes in der Hand. Die Lehrkraft intoniert den Text – Satz(teil) für Satz(teil) –, die Teilnehmer wiederholen das Textstück jeweils in gleicher Intonation. Gesprochen wird im Rhythmus des Gehens. Diese Übung – der Mönchsgang – gehört zum klassischen Inventar der Primäraktivierungsphase.

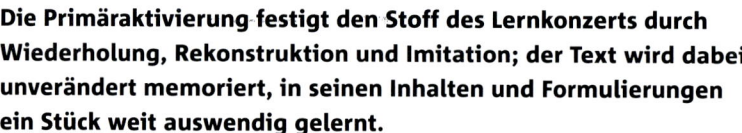

Die Primäraktivierung festigt den Stoff des Lernkonzerts durch Wiederholung, Rekonstruktion und Imitation; der Text wird dabei unverändert memoriert, in seinen Inhalten und Formulierungen ein Stück weit auswendig gelernt.

Ein umfangreicherer Einsatz solcher Übungsformen ist hauptsächlich im Fremdsprachenunterricht anzutreffen, denn hier kommt es darauf an, einen Text wörtlich verfügbar werden zu lassen. Das aus dem modernen Fremdsprachenunterricht weitgehend verschwundene Chorsprechen kommt so zu neuen Ehren, allerdings in lockerer und bewegter Form.

Wiederholung und Imitation

Aussprache und Intonation werden im Schutz des „Chors" trainiert, und der Erwerb von so genannten „Chunks" gefördert: von in sich zusammenhängenden sprachlichen Versatzstücken, die den Lernenden Material zum Experimentieren und zur Hypothesenbildung bieten, noch bevor sie sich kognitiv mit den zugrunde liegenden Strukturen auseinander setzen.

Affektive Verankerung

In der Konzertphase wird mit der peripheren, „globalisierten" Aufnahme von sprachlichem Material begonnen, und dieser Prozess wird in der Primäraktivierung verstärkt. Diese Phase enthält darüber hinaus auch ein wichtiges desuggestives Element: Die Lernenden können sich „hingeben", im Schutz der Gruppe mit Worten, Sätzen, Aussprache und Sprachklang spielen, ohne etwas Besonderes „leisten" oder das Gesagte komplett verstehen zu müssen. Der angebotene Text wird so auch affektiv verankert, erscheint leichter handhabbar und ermöglicht ein „Vorverdauen" der umfangreichen Informationen des Lernkonzertes.

Im nichtsprachlichen Unterricht ist das Memorieren kompletter Sätze meist weniger von Bedeutung, das Erlernen intonatorischer Regeln fällt weg. Übungen aus dem Repertoire der Primäraktivierung bieten sich hier eher für das Erlernen einzelner Fakten, Merksätze, Formeln, Regeln oder Zahlen an. Die Phase fällt insgesamt deutlich kürzer aus, vor allem auf Aussprache und Intonation zielende Übungen entfallen natürlich ganz.

Übungen

Die folgenden Übungen lassen sich im Sprach- und im nichtsprachlichen Unterricht einsetzen.

Übungen zur Primäraktivierung

■ **Textpuzzles:** Der Text des Lernkonzertes wird in auseinander geschnittener Form an Paare/Kleingruppen verteilt und in korrekter Reihenfolge zusammengepuzzelt.

■ **Satzpantomimen:** Einzelne Sätze werden pantomimisch dargestellt und von der Gruppe erraten.

■ **Lieblingssatz:** Jeder Teilnehmer sucht sich einen Satz aus dem Lernkonzert aus und lernt den Satz auswendig. Anschließend laufen alle durch den Raum und sprechen jedem, dem sie begegnen, diesen Satz unter Beachtung wechselnder „Regie-anweisungen" vor: „Sprecht wie Geheimagenten, die eine wichtige Nachricht heimlich austauschen sollen"; „Ihr seid Marilyn Monroe"; „Ihr seid widerspenstige Teenager". Die vorgeschlagenen Rollen werden dem Teilnehmerkreis ent-sprechend ausgewählt. Abschließend stellen sich alle in der Reihenfolge auf, in der ihre Sätze im Lernkonzert vorkommen – führen also wichtige Sätze aus dem Text in der richtigen Reihenfolge wieder zusammen.

Je nach Art der Unterrichts und der Lernziele, der Textlänge und dem Be-darf der Lerngruppe führt man zumeist zwei bis fünf Primäraktivierungs-übungen durch. Bei der Auswahl sollte auf gute Rhythmisierung geachtet werden – ruhige Übungen wechseln mit bewegten ab, haptische (hier werden etwa Puzzles eingesetzt) mit mündlichen. Außerdem sollte man dafür sorgen, dass allen Lernkanälen ein Angebot gemacht wird.

Mehrere Primäraktivie-rungen

Die Sekundäraktivierung

Anders als bei der Primäraktivierung lassen sich für die Sekundäraktivie-rung kein einfaches Abfolgeschema und keine festen Übungen angeben. Viele in der Sekundäraktivierung verwendeten Übungen sind aus ande-ren interaktiven und kommunikativen Unterrichtsmethoden bekannt: So ist auch in der Suggestopädie das gelenkte und freie Üben und Anwen-den von Wortschatz, Strukturen und situativen Redemitteln üblich.

Kein festes Ablaufschema

Im interaktiv angelegten nichtsprachlichen Unterricht wird mit neuen Informationen, Sachverhalten und Fachtermini gearbeitet. Die Teilnehmer sollen sich die entsprechenden Kenntnisse aneignen und anschließend anwenden und auf größere Zusammenhänge übertragen können. Denkbar sind Aktivitäten wie Rollenspiele, Brett- und Kartenspiele oder Quizaktivitäten. Beliebt sind auch „Übungsanleihen" aus der Theaterpädagogik, dem Psychodrama, dem TPR (Total Physical Response), Silent Way, dem kreativen Schreiben, dem NLP oder gängigen Kommunikationsmodellen.

Wichtig bei der suggestopädischen Sekundäraktivierung sind vor allem die Menge der auf einen Input (Lernkonzert) bezogenen Übungen und der konsequente und durchgängige Einsatz interaktiver und multisensorischer Übungsformen in rhythmisierter Abfolge.

Neue Lernziele In einem Kurs, mithilfe eines gängigen Lehrwerks gestaltet, folgt auf die relativ kurze Präsentation *einer* neuen Struktur oder eines neuen Sachverhaltes und einer kleinen „Portion" neuer Vokabeln oder Informationen eine Phase, in der genau diese geübt und angewendet werden, wobei mitunter auch älterer Stoff wiederholt wird. Danach beginnt eine neue Phase mit neuem Lernziel nach dem gleichen Muster, aber erst dann, wenn möglichst alle das neue Material „beherrschen". Die Suggestopädie hingegen bietet in der Präsentationsphase einen umfangreichen Text mit einer Vielzahl von Strukturen und Informationen, den so genannten globalisierten Input. Während der Sekundäraktivierung werden dann einzelne Kernstrukturen, Redemittel oder Wortfelder oder einzelne Sachverhalte, Informationen und Formeln herausgegriffen, geübt und angewendet. So werden auf der Grundlage ein und desselben Textes immer wieder neue Lernziele verfolgt.

Ökologie des Lernens Dabei vertritt die Suggestopädie eine besondere Auffassung von der Ökologie unseres Lernens: Nicht alle Lernenden haben zum gleichen Zeitpunkt gleiche Bedürfnisse: Was der eine im Moment gut aufnehmen und verarbeiten kann, ist für den anderen Lerner gerade weniger interessant. Das bedeutet: Wir können uns im Kursgeschehen weiterbewegen, auch wenn noch nicht alle alles „beherrschen". Aus dem gleichen Grund müssen auch nicht unbedingt alle Inhalte des Lernkonzerts aktiviert werden – periphere Aufnahme, intuitive Verarbeitung und experimentelle Anwendung werden trotzdem bei vielen Lernenden stattfinden. Umgekehrt erfordert diese Vorgehensweise natürlich, dass die Lerninhalte immer wieder auftauchen. Globalisierte, kurstragende und für den Sprachunterricht konzipierte Lernkonzert-Pakete folgen deshalb im Gegensatz zu den meisten Lehrwerken keiner linearen Progression, sondern bieten immer wieder eine Art sprachlicher Gesamtschau – natürlich auf allmählich ansteigendem Niveau.

Handelt es sich um nichtsprachlichen Unterricht, werden die verschiedenen Informationsgebiete oft über einen längeren Zeitraum hinweg aktiviert, ein Lernkonzert kann den Rahmen für einen mehrwöchigen Kurs etwa in Kommunikation bilden. Der Gesamtüberblick eines Sachverhalts wird zu Beginn des suggestopädischen Kreislaufs präsentiert. In der Sekundäraktivierung beschäftigt sich der Kurs dann jeweils mit Einzelinformationen oder kleineren Wissenseinheiten, bis auf diese Weise wieder ein Gesamtbild entsteht. So kann beispielsweise ein Lernkonzert in ca. 20 Minuten einen Gesamtüberblick über Natur, Struktur und Verwendungsweise des Internets beinhalten, die Aktivierungsphase wird diese Einzelgebiete dann nacheinander aufarbeiten.

Der zweite Unterschied zwischen einer suggestopädischen Sekundäraktivierungsphase und dem Einsatz spielerischer Formen im nichtsuggestopädischen Unterricht besteht in der „Gesamtchoreografie" dieser Phase: Bei der Auswahl und Platzierung der methodischen Formen wird großer Wert auf die Beachtung der suggestopädischen Wirkfaktoren gelegt:

Wirkfaktoren beachten

Suggestopädische Wirkfaktoren

- **Rhythmisierung:** Die einzelnen Übungsphasen sollten nicht zu lang sein und ein optimales Energieniveau gewährleisten, indem etwa ruhige und lebhafte Phasen abwechseln. Neben den lernzielbezogenen Übungen gibt es auch Energieaufbau-, Entspannungs- und Zentrierungsübungen.

- **Gruppenprozess:** Durch wechselnde Sozialformen und geeignete Themen wird die Zusammenarbeit der Gruppe optimiert.

- **Multisensorik:** Allen Lernkanälen sollen entsprechende Angebote gemacht werden.

- **Musik:** Musik als lernförderndes Mittel kommt auch in dieser Phase des suggestopädischen Kreislaufs öfter zum Einsatz.

- **der suggestiv-desuggestive Prozess:** Die Übungsformen sind so gewählt und angeordnet, dass Distress und Frustration möglichst minimiert, Motivation, Selbstvertrauen und Lernfreude hingegen gefördert werden. Dies geschieht durch die Beachtung der obigen Faktoren und eine Übungsauswahl, die den Lernenden häufige Erfolgserlebnisse vermittelt. Außerdem enthält die Sekundäraktivierungsphase Übungen, die die emotionalen und künstlerischen Seiten der Lernenden ansprechen.

Übungen an Lernkonzerttext anbinden

Es entspricht den Erfordernissen ganzheitlichen Lernens, dass alle Übungen immer wieder an den Lernkonzerttext angebunden und am Schluss gemeinsam integriert werden – so wie Teile eines Puzzles, das man am Anfang im Gesamtbild gesehen, dann in Einzelteilen untersucht und schließlich wieder zu einem kompletten Bild zusammengefügt hat.

Kapitel 10: Das zweite oder passive Lernkonzert

von Brigitte Schwitalla

Im siebten Kapitel war bereits vom zweiten Lernkonzert kurz die Rede: Das passive Lernkonzert dient der Wiederholung und Verankerung des Lernstoffes aus dem aktiven oder ersten Lernkonzert im Langzeitgedächtnis. Dieses Lernkonzert wird als „passiv" bezeichnet, weil die Teilnehmer scheinbar passiv sind: Sie lesen den Text nicht mit und können entspannt zuhören. Das zweite Lernkonzert dient der Wiederholung, Vertiefung und Integration des bekannten Wissens.

Einsatz nach Primär- und Sekundäraktivierung

Georgi Lozanov setzt das passive Lernkonzert nach dem ersten Lernkonzert und einer kurzen Aktivierungsphase ein. Aber aus meiner langjährigen Unterrichtspraxis heraus empfehle ich, insbesondere bei Sprachkursen, den Einsatz nach Primär- und Sekundäraktivierung, da die Teilnehmer dann mit dem Thema wesentlich besser vertraut sind.

Trainer liest vor

Nach der mentalen Hinführung, einer Einführungspassage, die die Teilnehmer in einen entspannten Zustand versetzt, liest der Trainer den Text des aktiven Lernkonzertes zu ruhiger, gleichmäßiger Musik (60 bis 70 Schläge pro Minute) noch einmal vor. Anschließend erfolgt die Rückführung und eine physische Reaktivierung.

Bei Sprachtexten ab dem mittleren Level verwende ich oft statt des Lernkonzerttextes die Variante des Vokabel-Sandwiches. Statt des Textes werden lediglich wichtige Redewendungen in beiden Sprachen wiederholt. Beispiel: „to attend a meeting – an einer Besprechung teilnehmen – to attend a meeting – Pause".

Am Ende der Hinführung lade ich die Teilnehmer ein, die Redewendung in der Pause innerlich nachzusprechen, sich die Situation bildlich vorzustellen oder den Begriff wie auf einer Leinwand vor dem inneren Auge erscheinen zu lassen. Bei Sachthemen besteht das Sandwich aus: Schlüsselbegriff – Definition – Schlüsselbegriff. Nach dem Lern-Sandwich oder dem Lernkonzerttext werden die Teilnehmer verbal und musikalisch wieder in das Hier und Jetzt zurückgeführt.

Die Hinführung

Tipps für ein gelungenes zweites Lernkonzert

- Musikstück ein bis zwei Minuten laufen lassen, bevor Sie zu sprechen beginnen

- Musikstück nennen

- ruhig sprechen, aber nicht einschläfernd

- offene Formulierungen benutzen wie: vielleicht … es kann sein, dass … und dann

- nach jedem Satz eine Pause zum Nachspüren

- alle Sinne ansprechen

- am Ende der Rückführung werden Stimme und Musik lauter

Beispiele für Hin- und Rückführung zu einem passiven Lernkonzert

Für die Hinführung bietet sich beispielsweise folgender Text an:

Beispiel für eine Hinführung

Lass dich von der Musik (Stück nennen) einladen … es dir im Sitzen oder Liegen bequem zu machen … und deinem Körper und Geist eine Zeit der Erholung zu gönnen … in der deine Energiereserven sich auffüllen können …

Beginne einfach, indem du deinen Atem wahrnimmst … wie er in den Körper hinein- und wieder hinausfließt … spüre den Kontakt deines Körpers mit dem Stuhl oder Boden … die Stellen, wo Berührung da ist … wo du getragen wirst … oder dich anlehnen kannst. Du kannst dich jederzeit bewegen, um es einem deiner Körperteile noch bequemer zu machen …

Spüre hinein in deine Füße … beweg sie vielleicht ein bisschen … und wenn du Spannungen spürst, lass sie einfach los … dann wandere weiter in deine Beine … nimm sie wahr … und lass auch dort Spannungen einfach los … vielleicht fließen sie in die Erde hinein … wo sie sich auflösen können … und dann wandere mit deiner Wahrnehmung weiter in den Po und die Hüften … vertrau sie dem Stuhl oder Boden an … und wenn du Anspannung spürst … dann lass sie auch dort einfach los … dann gehe weiter mit deiner Wahrnehmung, in deinen Oberkörper … fühle, wie der Atem ein- und ausfließt … lass vielleicht die Schultern sinken … spüre deine Arme und Hände … während du weiteratmest … ein … und aus … – ein … und aus … ganz von selbst … leicht und natürlich … und dann wandere weiter … in deinen Hals und Nacken … in den Kopf … lass zu, dass dein Kiefer weich wird … sich die Lippen vielleicht leicht öffnen … die Augenlider sanft auf den Augen liegen … und wenn du merkst, dass dein Kopf es noch bequemer haben kann, dann bewege ihn leicht … und lass ihn eine angenehmere Position finden.

Und nun kannst du einfach ganz entspannt bleiben, während du noch einmal wichtige Worte und Wendungen (Sprachkurs) / Begriffe und Definitionen (Sachthema) hörst.

Wenn du möchtest, kannst du die Wendungen in den Pausen nachsprechen, dir die Situation, in der sie gesprochen werden, bildlich vorstellen, oder sie von einer magischen Hand auf eine Leinwand schreiben lassen.

Es folgt nach der Hinführung der Lernkonzerttext oder das Lern-Sandwich: Text ... Redewendungen-Sandwich ... Begriff – Definition-Sandwich ...

Beispiel für eine Rückführung

Und jetzt bist du eingeladen, der Musik noch etwas zu lauschen ... und alles, was an dem eben Gehörten wichtig für dich ist ... wird einen Platz bei dir finden ... wo es dir zur Verfügung steht, immer wenn du es brauchst ... *(ca. 15 Sekunden Pause)*
Und nun beginne deinen Körper wieder zu spüren, den Kopf ... den Hals ... die Schultern ... die Arme und Hände ... den Oberkörper ... den Po und das Becken ... die Beine und Füße.
Vielleicht möchtest du dich strecken *(Trainer macht mit)* ... und gähnen ... wie nach einem langen, erholsamen Schlaf ... und dann langsam die Augen öffnen und dich umschauen.
Willkommen zurück!

Die Rückführung

Nun können Sie die Musik lauter stellen und danach langsam ausblenden. Zum Aufwachen eignet sich ein mittelflottes, bekanntes Musikstück.

Eine kleine Gymnastikübung, ein Energizer oder eine Trinkpause tun jetzt, im Anschluss an das zweite Lernkonzert, gut. Da der Körper sich dem Rhythmus der Musik anpasst und das zweite Lernkonzert in einem entspannten, relaxten Zustand stattfindet, ist Musik mit etwa 60 Schlägen pro Minute am besten geeignet. In der klassischen Suggestopädie nach Prof. Lozanov werden die langsamen Stücke aus der Barockmusik, Largos und Adagios verwendet.

Energizer anschließen

Es gibt etliche solcher Zusammenstellungen. Achten Sie darauf, dass das Stück nicht zu melancholisch oder traurig klingt, da in der Entspannung besonders die Gefühle angesprochen werden. Es sollte nicht länger als 30 Minuten dauern.

Ich verwende häufig speziell komponierte Entspannungsmusik, die heute in jedem gut sortierten CD-Laden zu haben ist – hier einige Beispiele für gut geeignete Musikstücke:

Vorschläge für Musikstücke

Klassisch:

PIANISSIMO Music for Quiet Moments, Arte Nova, Nr. 74321 58960 2
CLASSICS FOREVER Meditation, Cosmus, 100.40104
Einige der schönsten, auf Samplern verwendeten Stücke sind:

J. S. Bach	Air	aus: Suite Nr. 3 BWV 1068
F. Liszt	Liebestraum	aus: Op. 62 No. 3
Jules Massenet	Meditation	aus: THAIS
W. A. Mozart	Adagio	aus: Piano Sonate KV 322
R. Schumann	Träumerei	

Entspannungsmusik:

Hedi Nannen	For your Beauty Soul	Rostar Media GmbH
Gomer E. Evans	Inner Beauty	Neptun Music GmbH
Rainer Molzahn	Moondance	R. Molzahn, Lüneburg
Manelli / Goldmann	Sky Dreams	IMP Musikverlag
Arnd Stein	Sternenglanz	Verlag f. Therap. Medien

Kapitel 11: Der Transfer

von Claudia Feichtenberger

Transfer und Integration

Der Begriff Transfer meint die Umsetzung des Gelernten oder Erfahrenen in die Praxis und die Anwendung im Alltag. Es geht also darum, sich die Dinge zu Eigen zu machen. Ein weiterer Begriff, der in diesem Zusammenhang verwendet wird, lautet Integration. Das ist es ja, was wir alle wünschen, denn die wenigsten lernen nur um des Lernens willen, sozusagen L'art pour l'art, sondern es geht darum, sich in einer Fremdsprache verständlich zu machen oder in Konfliktsituationen die Oberhand zu behalten oder Berechnungen souverän zu machen, um einige konkrete Beispiele zu nennen.

Von der unbewussten Inkompetenz zur Brillanz

Sich Wissen und Fähigkeiten anzueignen, erfolgt in mehreren Stufen:

- unbewusste Inkompetenz
- bewusste Inkompetenz
- bewusste Kompetenz
- Brillanz

Befindet sich jemand auf der Stufe der unbewussten Inkompetenz, weiß er nicht, was er nicht weiß. Das Gefühl der Frustration und Verwirrung kann, bei Erfahrungen von Inkompetenz, immer wieder auftauchen und zur nächsten Stufe führen, der bewussten Inkompetenz. Auf dieser Stufe wird uns das Nichtwissen bewusst, oft begleitet vom Gefühl der Verwirrung und Angst. Diese Ebene ist der Auslöser, zu handeln, um ein so genanntes Defizit zu reduzieren. Das kann bedeuten, einen Kurs zu buchen, um sich wichtiges Wissen anzueignen oder neue Handlungsmöglichkeiten (zum Beispiel neue kommunikative Optionen in einem Kommunikationstraining) zu entwickeln. Der Lerner befindet sich nun immer mehr auf der Ebene der bewussten Kompetenz. Für diese Ebene ist der Satz charakteristisch: „Ich weiß, gleichzeitig lerne ich noch." Auf dieser Ebene geht es auch darum, immer mehr Vertrauen zu entwickeln. Gelangt ein Lerner auf die letzte Stufe, nämlich zur Brillanz, sind das neue Wissen und das neue Verhalten integriert und automatisiert. Souveränität und Meisterschaft sind Kennzeichen dieser Ebene.

Zur Meisterschaft führen

Organisiertes Lernen in Seminar, Kurs oder Schule spielt sich vor allem auf der dritten Ebene ab, dem Herausführen aus der Inkompetenz hin zum Erlangen von bewusster Kompetenz mit dem Ziel der „Meisterschaft".

Mit Suggestopädie zu arbeiten bedeutet, die Teilnehmer ein deutliches Stück näher an die Meisterschaft zu führen, weil dieses Lernen nachhaltiger ist und in einem sicheren, geschützten und wertschätzenden Rahmen erfolgt und dadurch viele Kräfte und Potenziale freisetzt.

Nachhaltiges Lernen

Der Transfer, also die Umsetzung des Gelernten und Erarbeiteten, erfolgt im suggestopädischen Training und Unterricht implizit und explizit: implizit beispielsweise durch eine klare Absicht und durch laufen-

Impliziter und expliziter Transfer

de Interaktivität, explizit in einer bestimmten Phase des suggestopädischen Kreislaufs durch bestimmte Aufgabenstellungen und Transferübungen.

Der implizite Transfer

Frage nach Motivation

Eine wichtige Grundlage für einen erfolgreichen Transfer und eine Umsetzung im Alltag ist die lapidare wie simple Frage an die Teilnehmer, warum sie gerade an *dieser* Fortbildung teilnehmen. Die Beantwortung der Frage „Was ist Ihre Absicht, welchen Nutzen versprechen Sie sich von diesem Kurs?" legt den Grundstein für den Transfer. Je konkreter die Absicht, desto erfolgreicher und leichter der Transfer, denn die Absicht motiviert und setzt Energien frei.

Dazu ein Beispiel: Mögliche Absichten für die Teilnahme eines männlichen Teilnehmers an einem Sprachkurs könnten sein:

- „Mit meiner ausländischen Freundin besser kommunizieren."
- „Eine Reise durch das Land machen."
- „Mein Unternehmen in dem Land bekannt machen."
- „Meine Zeit sinnvoll verbringen."

Die erste und die dritte Absicht haben mehr Kraft als die beiden anderen, weil es um viel mehr geht und viel mehr Emotionalität eingebunden ist als bei den beiden anderen Absichten. Die letzte Absicht („Meine Zeit sinnvoll verbringen") dürfte die geringste Motivationskraft entfalten.

Motivation als Grundlage

Suggestopädische Trainer und Lehrer regen immer wieder an, über diese Frage nachzudenken, und bieten spezielle Aktivitäten an, um den Teilnehmern zu helfen, ihre Motivation für die Kursteilnahme herauszufinden. Denn sie wissen, dass das die Grundlage für Lernen und anschließendes Anwenden und Umsetzen ist.

Zur Interaktivität anregen

Die Teilnehmerinnen und Teilnehmer von Anfang an aktiv in das Unterrichtsgeschehen einzubinden, bedeutet, die Umsetzung und praktische Anwendung von Anfang an zu fördern, den Transfer und die Integration also zu beschleunigen und zur Interaktivität anzuregen. Es macht einen großen Unterschied aus, ob die Teilnehmer zu Beginn eines neuen Themas zum Beispiel Fachausdrücke und deren Definition nur hören oder lesen *oder* ob sie Kärtchen bekommen, auf denen diese Fachausdrücke und Definitionen stehen, und sie sich so aktiv mit den Fachausdrücken und Definitionen beschäftigen – etwa durch Zuordnen, Auflegen, Fragenstellen und so fort. Durch aktive Beteiligung kommt der Lerner der Meisterschaft eher näher als durch passives Aufnehmen.

Erstrebenswert ist eine hohe Teilnehmerbeteiligung in gewissen Phasen des suggestopädischen Kreislaufes, insbesondere bei der Primär- und Sekundäraktivierung und in der Transferphase. Erstrebenswertes Ziel bezüglich der Teilnehmerbeteiligung ist eine Beteiligung von knapp 80 Prozent: Die Teilnehmer handeln also und sind aktiv, der Trainer unterstützt, moderiert und ergänzt. Das setzt voraus, dass der Trainer aus einem großes Repertoire interaktiver Möglichkeiten zur Unterrichtsgestaltung schöpfen kann. Dieses „Hin zu hoher Teilnehmerbeteiligung" ist für Menschen, die gerade die Grundausbildung in Suggestopädie machen, eine der größten Herausforderungen der Ausbildung. Denn während die Erstellung eines Lernkonzerts auch zu Hause „im stillen Kämmerlein" so oft geübt werden kann, bis es „sitzt", lernt man das interaktive Arbeiten kaum alleine. Hier sind Flexibilität, Spontaneität und soziale Kompetenz gefragt, dazu noch ein großes Methodenrepertoire – und das alles möglichst gleichzeitig!

Ziel: hohe Teilnehmer-beteiligung

Der explizite Transfer

Die Phase des Transfers, also die Phase, die sich an die Sekundäraktivierung anschließt, ist der didaktische Ort für den expliziten Transfer. Es geht darum, dass die Teilnehmer das zuvor erarbeitete und vertiefte Wissen, das dann im zweiten Lernkonzert abgespeichert und anschließend geübt wurde, anwenden, mit bereits vorhandenem Wissen verknüpfen und vernetzen, und das möglichst selbstständig. Es geht darum, die Brücke von Lernebene 3 zu Lernebene 4 zu schlagen.

Lernebenen verknüpfen

Um einen wirkungsvollen Transfer zu erreichen, sind zwei Dinge ausschlaggebend: einerseits die Art der Aufgabenstellung, andererseits die Wahl der Methode, mit der die Aufgabenstellung bearbeitet wird.

Die Aufgabenstellungen sind sehr wirksam, wenn sie so gewählt sind, dass sie für die Teilnehmer bedeutsam sind, starke Gefühle auslösen und das Erlernte in einen erweiterten, anderen und praktischen Kontext stellen, und wenn die Teilnehmer die Aufgaben selbstständig lösen, sei es in Einzelarbeit oder in Gruppen.

Methoden-
palette

Die Methodenpalette, die beim Transfer zur Anwendung kommt, ist sehr breit und hängt vom jeweiligen Lernziel ab. Lozanov ist wichtig, dass bei der Integration auch künstlerische Formen zum Einsatz kommen, wie zum Beispiel die Erarbeitung eines Liedes, die Erstellung eines Posters, der Ausdruck in einem Theaterstück.

Weitere Möglichkeiten sind:

- spezielle Lern- und Quizspiele, um die Automation und Vernetzung mit bereits vorhandenem Wissen zu fördern
- Rollenspiele, Diskussionsrunden, Sketche, um die Anwendung und Flexibilität in einem anderem Rahmen zu stärken
- Beschäftigung mit den Inhalten unter Einbeziehung von Musik, Farben, Requisiten und kreativem Schreiben

Die beiden folgenden Beispiele zeigen, wie sich der explizite Transfer realisieren lässt:

Beispiel Nr. 1 – Thema: Lerntypen

Ziel des Transfers: Lerntypen und deren Bedürfnisse im Alltag erkennen und adäquat reagieren

Aufgabe: „Familie Schmidt (Mutter: visueller Typ; Vater: kinästhetischer Typ; Tochter: auditiver Typ) hat schon lange ihren wohlverdienten Urlaub gebucht und das Zimmer im besten Hotel des Ortes reserviert. Da Stau auf den Straßen war, kommen sie erst nach 23.00 Uhr ins Hotel – ihr Zimmer wurde jedoch bereits vergeben. Wie reagiert Frau Schmidt in dieser Situation? Wie Herr Schmidt? Wie die Tochter? Was braucht Frau Schmidt / Herr Schmidt / die Tochter in dieser Situation?

Diskutieren Sie diese Fragen und stellen Sie sie anschließend in einer Szene dar. Beachten Sie die Wortwahl der einzelnen Typen, nehmen Sie ein Requisit aus dem zugedeckten Korb (ohne zu sehen, was Sie herausziehen!) und binden Sie dieses Requisit in die Handlung ein."

Beispiel Nr. 2 – Thema: Spanische Zeiten, Zukunftsformen

Ziel des Transfers: Automatisieren der regelmäßigen und vor allem der unregelmäßigen Formen der Zukunft und Vernetzung mit dem Präsens

Aufgabe a: Kartenspiel „Schwarzer Peter" spielen
Jeweils zwei Karten desselben Verbs und derselben Person bilden ein Paar und sind beim Spiel schnell zuzuordnen.
Beispiele für Paare:

sé	sabré
hacemos	haremos
vive	vivirá
son	serán

Aufgabe b: Am Ende des Spieles legt jeder seine Karten vor sich hin, nimmt eine Impulskarte (etwa die „Saga"-Karten) und erfindet eine kleine Geschichte mit den Verbformen im Futur und Präsenz, die er den anderen präsentiert. Titel der Geschichte: „Hoy y mañana".

Wenn Ihre Absicht für den Transfer klar und konkret ist, verläuft der Transfer auch für Ihre Teilnehmer erfolgreich!

Kapitel 12: Integration – eine runde Sache: eine Lernsequenz effektiv abrunden

von Marisa Frangipane

Sie sind gerade mit einer Lernsequenz in Ihrem Seminar fertig und möchten diese schön abschließen. Es geht nicht nur darum, eine „normale" Wiederholung oder eine Zusammenfassung anzubieten. Sie möchten, dass Ihre Teilnehmer die bereits aufgenommenen Lerninhalte auch so verarbeiten, dass sie das, was sie schon kennen, mit den neuen Informa-

Verarbeitung der Lerninhalte

tionen verknüpfen und aktiv kombinieren. Die Teilnehmer können damit die Lerninhalte an Gedächtnisstellen transportieren und speichern, wo diese später schnell abrufbar sind.

Diese abschließende Phase in einer Lernsequenz wird im suggestopädischen Training und Unterricht „Integration" genannt. Dabei wird zwischen der aktiv-kreativen Integration und der mentalen Integration unterschieden.

Die aktiv-kreative Integration

**Mit Seminar-
inhalten
kreativ sein**

Nehmen wir an, Sie geben einen Sprachkurs für Anfänger, und Sie haben den Teilnehmern schon Vokabelfelder präsentiert, etwa zu normalen Gegenständen, die jeder bei sich hat, sowie zu Farben, Kleidern, zum Aussehen, zu Zahlen, und zusätzlich einige weitere Verben und Adjektive. Eine meiner Integrationen besteht darin, Plakate zu den Lerninhalten malen zu lassen. Ihre Teilnehmer werden richtig erfinderisch und kreativ, wenn sie in kleinen Gruppen ein Poster malen, auf dem zum Beispiel einige Personen der suggestopädischen Geschichte abgebildet sind. Das Aussehen, die Kleider und die persönlichen Gegenstände dieser Personen sind dabei von jeder Gruppe frei erfunden. Jede Gruppe malt sie so, wie sie sie sich vorstellt. Begriffe (etwa das Alter) und eventuell Sprechblasen mit wichtigen Sätzen werden zusätzlich auf das Poster geschrieben. Die einzige Vorgabe ist, dass *alle Inhalte,* die ich vorher genannt habe, auf dem Poster vertreten sein sollen. Das Zeichnen und Schreiben dauert normalerweise 15 bis 20 Minuten.

Wenn alle Gruppen fertig sind, präsentieren die Teilnehmer die Poster. Alle können dabei etwas erzählen. Die Teilnehmer haben sehr viel Spaß, wenn sie die verschiedenen Darstellungen der Personen vergleichen, und es werden sehr viele Komplimente über die künstlerische Begabung beim Zeichnen, Malen oder Präsentieren ausgetauscht.

**Effektive
Informations-
verarbeitung**

Die Teilnehmer können dadurch eine Menge Informationen, die sie zu verschiedenen Zeitpunkten im Seminar erhalten haben, individuell kombinieren und den Lerneffekt durch die Präsentationen verstärken. Die Lerninhalte lassen sich dadurch sehr effektiv im Gedächtnis speichern. „Effektiv" bedeutet hier, dass die Informationen später schnell abrufbar sind. *Und wer erinnert sich später nicht gern an Inhalte, die mit so viel Spaß trainiert wurden?*

Die Suggestopädie arbeitet nicht nur mit positiven Affirmationen und einer positiven Lernatmosphäre: Es wird den Teilnehmern, wie in dieser Übung, auch *bewiesen,* dass sie tatsächlich etwas können. Von Anfang an werden die Teilnehmer dazu animiert, Sätze zu bilden und das Gelernte sofort anzuwenden. Das wird besonders deutlich in der Integrationsphase am Ende der Lernsequenz. Die Wirkung ist vielleicht noch stärker als in der Sekundäraktivierung und in der Transferphase, weil die Teilnehmer hier merken, dass sie auch frühere Lerninhalte noch frisch in Erinnerung behalten haben. So entsteht Übereinstimmung zwischen den positiven Lernsuggestionen und dem Gefühl: *„Ich kann mich auch nach einer gewissen Zeit an … erinnern. Ich habe es wirklich gelernt!"*

Natürlich gibt es bei der Integration in der aktiv-kreativen Form Variationsmöglichkeiten. So können die Teilnehmer selber ein Theaterstück erfinden und vorführen.

Malen und Zeichnen, Erzählen und Präsentieren sind typische Aktivitäten der Integrationsphase. Es ist wichtig, dass die dadurch entstandenen Zeichnungen und Poster nachher an die Wand gehängt werden und dort bis zum Ende des Kursus zu betrachten sind. So können die Teilnehmer jederzeit die Entwicklung der eigenen Produktionen verfolgen und feststellen, wie groß und schnell ihre Fortschritte sind.

Die Hauptmerkmale der Integration

Vielleicht haben Sie bei meinem Übungsbeispiel bemerkt, dass die Aktivitäten der Integrationsphase *mehrdimensional* sind. Die Teilnehmer trainieren mehrere Inhalte gleichzeitig, sodass sie entweder überlegen, welche Inhalte sie gruppieren wollen und ein solches Spiel kreieren (etwa ein Brettspiel mit Feldern, die verschiedene Aufgaben kombinieren), oder Sie geben eine Reihe von Inhalten und Themen vor, welche die Teilnehmer kombinieren und gleichzeitig bearbeiten. Sie können die Teilnehmer auch frei ein Spiel erfinden lassen, welches die für sie wichtigsten Lerninhalte enthält.

Lassen Sie Ihren Teilnehmern *Zeit für eigene Überlegungen.* Typisch für die Integration ist, nach einer Lernsequenz den Teilnehmern eine spezielle Pause anzubieten, eine Zeit der ruhigen Überlegung. Während ca. 10 Minuten können die Teilnehmer sich die Poster, die eigenen Zeichnungen, die Kärtchen des letzten Spieles, die noch auf dem Boden liegen, anschauen und durch den Raum spazieren. Hier wird nichts vorgegeben, weil jeder die für sich angenehmste Form der Erinnerung und

Zusammenfassung spontan finden können soll. Falls die Teilnehmer es sich wünschen, können Sie auch Musik im Hintergrund verwenden. Eine ruhige Pause kann den Übergang zur nächsten wichtigen Integrationsform – der mentalen Integration – darstellen.

Die mentale Integration

Die mentale Integration ist eine besondere Entspannungsphase im suggestopädischen Kreislauf.

Am Ende eines Seminartages oder nachdem eine Lernsequenz abgeschlossen wurde, können sich die Teilnehmer zurücklehnen, entspannen und im Geiste durch die wichtigsten Lerninhalte des Tages oder der vorherigen (Lern-)Tage gehen. Sie können sich Zeit lassen. Die Umgebung der Fantasiereise – ob Bildergalerie, Strand, Garten oder andere angenehme Orte – hilft dabei, sich fast wie im Urlaub zu fühlen.

Gelenkte und ungelenkte Integration

Sie können die Teilnehmer mit Ihrer Stimme begleiten oder es ihnen freistellen, den eigenen Gedanken und Erinnerungen zu folgen. Je nachdem wie viele Anweisungen Sie während der Entspannung geben, können Sie dann zwischen drei Hauptformen der mentalen Integration wählen: der gelenkten, der halb gelenkten und der ungelenkten Integration. Welche Art der mentalen Integration Sie wählen, hängt in erster Linie von Ihren Teilnehmern ab: Wenn diese noch unerfahren sind, fühlen sie sich besser aufgehoben, wenn Sie die Umgebung der Fantasiereise detailliert beschreiben (gelenkte Integration). Später brauchen Sie nur noch eine Grobstruktur als Erinnerungshilfe anzubieten und können den Teilnehmern immer mehr Freiheit geben für eigene Bilder, Töne und Gefühle – bis hin zur ungelenkten Integration.

Fantasiereise als Integration

Es gibt einige wichtige Aspekte, die Sie berücksichtigen sollten, wenn Sie eine Fantasiereise für die Integration planen. Die Mehrdimensionalität der Inhalte gilt auch für die mentale Integration: Oft frage ich die Teilnehmer, welche Themen wir kombinieren sollten, sammle deren Wünsche und erstelle eine Liste. Wir können zudem gemeinsam festlegen, wohin die Reise gehen soll (Garten, Haus, nach Rom oder sonstige angenehme Orte). Die ausgewählten Inhalte lassen sich dann in die Kulisse der Fantasiereise integrieren. Also: Improvisieren Sie ruhig und erfinden Sie eine spannende Geschichte.

Die typischen Inhalte, welche etwa die Teilnehmer eines Italienisch-kurses vorschlagen, sind Konjugationen von unregelmäßigen Verben, Vokabelfelder oder sonstige Grammatik-Inhalte, die besonders mühsam zu lernen sind. Für die Teilnehmer ist es eine sehr angenehme Erfahrung, wenn sie besonders trockene Inhalte in einer schönen Kulisse präsentiert bekommen.

Durch die Kombination von Gefühlen, Bildern und gesprochenen Worten haben Sie die Garantie, dass Sie kinästhetisch-, visuell- und auditiv-orientierte Teilnehmer gleichzeitig *richtig* ansprechen und deren Lernprozesse aktivieren. Alle finden dadurch die Elemente, die sie ansprechen, als Rahmen für Inhalte, die sie selbst ausgewählt haben. Die Teilnehmer haben – mit Recht – das Gefühl, dass sie etwas ganz Spezielles geboten bekommen, das für sie kreiert wurde. Eine bessere Lernmotivation kann man sich als Seminarleiter kaum wünschen! Und dann kommt es zu Teilnehmer-Feedbacks wie: „Es ist effektiver als normale Übungen und Wiederholungen, weil die Spiele mehrere Teile des Lernstoffes enthalten und diese sinnvoll zu kombinieren sind" oder „Nach der Entspannung fühle ich mich frisch, obwohl ich den ganzen Tag im Seminar war".

Gefühle, Bilder, Sprache

Einsatzbereiche im Seminar

Die Integration lässt sich in unterschiedlichen Seminaren einsetzen – etwa im Kommunikations- oder im Präsentationstraining. Am Ende des Tages erfolgt eine mentale Integration über die wichtigsten Themen. Zwischendurch ist ein Spaziergang im Raum möglich, wobei sich die Teilnehmer die Moderationswände und Flipcharts in Ruhe anschauen können.

Im PC-Training eignet sich die mentale Integration hervorragend, um die Bedienung von Programmen oder die Übungen am PC noch einmal mit kleinen Schritten vor dem geistigen Auge zu wiederholen. In diesem Fall sehen die Teilnehmer, was sonst am Bildschirm erscheint, hören die Erklärungen der Seminarleiterin und können sich vorstellen, dass sie gleichzeitig die Maus bewegen oder die Tasten betätigen.

Einsatz im PC-Training

Die passenden Materialien zu den verschiedenen Integrationsformen ähneln denen für die Sekundäraktivierung und den Transfer. Der einzige Unterschied besteht darin, dass Sie in der Integration mehrere Themen kombinieren. Sie werden sicher schnell einen eigenen Stil bei der Erstellung Ihrer Materialien entwickeln. Auch die Art und Weise, wie Sie Entspannungen durchführen, sollte in dieser abschließenden Phase dieselbe sein. Für Ihre Teilnehmer wird dann der Abschied am Ende eines Tages oder zum Abschluss eines Seminars zu einer runden Sache!

Materialien für die Integration

3

Suggestopädie kann nicht nicht wirken

Einleitung

von Michaela Marx-Clément

Die Suggestopädie wirkt ansteckend, bereichernd, dynamisierend, erfrischend, entspannend, kreativitätsfördernd, motivierend, positiv – sie macht geradezu süchtig: Wer sie einmal kennen und lieben gelernt hat, möchte sie nie wieder missen.

Suggestopädie wirkt immer

Wie aber genau wirkt sie denn nun? Wirkt sie überhaupt bei jedem? Immer? Sie kennen sicherlich Paul Watzlawick, der gesagt hat: „Man kann nicht nicht kommunizieren." Genauso ist es auch mit der Suggestopädie. Sie kann nicht nicht wirken. Man braucht es nur zuzulassen!

Dabei wirkt sie auf bewusster und unbewusster Ebene. Verschiedene Faktoren tragen ganz besonders dazu bei. Da ist zunächst einmal der Einsatz von Musik (etwa beim Lernkonzert). Sie bewirkt eine Zusammenarbeit der beiden Gehirnhälften, ein schnelleres Anknüpfen von neu Gelerntem an Altbekanntes und dadurch ein besseres Abspeichern im Langzeitgedächtnis.

Beispiele für Wirkfaktoren

Ein anderer Faktor wird mit dem Wort „Rhythmisierung" bezeichnet. Um unser Gehirn, unseren Körper und alle Sinne nicht ermüden zu lassen, ist Abwechslung notwendig. Es wechseln aktive, schnelle Phasen mit „passiven", entspannenden Phasen. Eine besondere Wirkung zeigt sich schließlich auch durch die Suggestions-/Desuggestions-Technik. Hier spielt die Trainerpersönlichkeit eine entscheidende Rolle, durch sie entsteht eine positive, angstfreie Lernatmosphäre. Dies geschieht zunächst einmal physisch, durch eine ansprechende Raumgestaltung, aber auch durch die Einstellung des Trainers zu seinen Teilnehmern. Der Trainer unterstützt die Lernenden, indem er jeden Teilnehmer lerntypgerecht anspricht und ihn positiv erwartend motiviert.

Und die Suggestopädie wirkt auch noch auf andere, subtile Art und Weise. Die verschiedenen Wirkfaktoren und ihre Anwendungen stellen wir Ihnen jetzt vor. Lassen Sie sich überraschen!

Kapitel 13: Vom kreativen Umgang mit Musik

von Marcus Koch

Wussten Sie, dass fast alle Babys ein absolutes Gehör haben? Dass das Musizieren die Struktur des Gehirns verändern kann? Oder dass schätzungsweise nur 5 Prozent der Bevölkerung Musik nicht richtig wahrnehmen können – 95 Prozent jedoch schon? Wissenschaftler glauben, dass Musik fundamentale Informationen enthält, die für das Erlernen von Sprache und Sprachverständnis unerlässlich sind. Und so müsste man vermutlich einen Arzt konsultieren, wenn Musik eine medizinische Substanz wäre, da sie ähnlich wie ein Medikament in physiologische Prozesse eingreift.

Musik als mitgestaltender Faktor

Das sind Fakten genug, um die Musik als mitgestaltenden Faktor in den Lehr- und Lernprozess zu integrieren.

Georgi Lozanov entdeckte, dass bestimmte Arten von Musik ein ideales Medium für die Schaffung eines mental entspannten Zustandes sind – und auch für die Herstellung eines Transportmittels für den zu lernenden Stoff ins Gehirn. Seine Annahme bestand darin, dass die Musik mit Sprache verknüpft werden kann und durch diesen holistischen (ganzheitlichen) Prozess das Dekodieren des Materials im Gehirn beträchtlich erleichtert wird.

Wesentliche Bestandteile des suggestopädischen Kreislaufes (Centering, aktives und passives Lernkonzert, Integration) lernten Sie bereits in vorherigen Kapiteln dieses Buches kennen. In diesem Kapitel soll es um die mannigfaltigen, kreativen Einsatzmöglichkeiten von Musik in Seminar, Training und Unterricht gehen. Im Anschluss daran wird Ulrike Quast in Kapitel 14 übrigens die Funktionen der Musik in der Suggestopädie aus einem anderen Blickwinkel darstellen.

Einsatzmöglichkeiten

Einsatz der Musik in Seminar, Training und Unterricht

Stellen Sie sich vor, welchen Einflüssen Ihre Teilnehmer auf deren Anreise zu Ihrem Seminar oder Kurs ausgesetzt sind: Autobahnfahrt, Gedränge in der U-Bahn, Stau, Zeitnot – im Seminarraum werden sie jedoch mit ruhig fließender und heiterer Musik empfangen, die sie zu innerer Ruhe und zum Abschalten kommen lässt. Die Einstimmung auf die neue Situation (unbekannte Menschen, neuer Raum, neues Thema) fällt wesentlich leichter, da fast alle Teilnehmer sehr positiv reagieren, wenn sie mit Musik empfangen werden. Den Prozess des Ankommens kann ein Trainer auch durch ein Centering gestalten, das den Teilnehmer in einen Zustand wacher Entspanntheit versetzt.

Einstimmung und Abrundung

Neben der Einstimmung können Sie Musik einsetzen, um das Seminar, einen Prozess oder eine Phase abzurunden. So wie Sie die Teilnehmer zu Beginn Ihres Seminars mit Musik begrüßt haben, können Sie sie auch mit lebendiger und schneller Musik verabschieden. Sie wissen: Der erste und der letzte Eindruck sind am nachhaltigsten! Wenn es Ihnen also gelingt, Ihre Teilnehmer mit einem „Ohrwurm" zu verabschieden, bleibt Ihr Seminar bestimmt in guter Erinnerung. Wählen Sie für diese Situation den musikalischen Hit des Seminars, oder lassen Sie einen Teilnehmer einen Wunsch äußern, oder wählen Sie ein für die Situation geeignetes Stück.

Pausen durch ansprechende Hintergrundmusik beleben

Stimmungen herbeiführen

Musik in den Pausen kann den Raum mit ganz verschiedenen Stimmungen füllen. Wählen Sie hier die Musik, die für Sie als Trainer, für die im Raum zurückbleibenden Teilnehmer und die aus der Pause zurückkehrenden Personen „stimmig" ist. Nach einer sehr erhitzten Diskussion empfehle ich ein ruhiges, fließendes Musikstück; saßen die Teilnehmer lange in einer rezeptiven Phase, so scheint mir eine heitere, lebendige Musik angemessener. Oft lade ich die Teilnehmer ein, eigene Musik für die Pausengestaltung mitzubringen, was in aller Regel für alle Beteiligten eine große Bereicherung ist.

Energie aufbauen und müde gewordene Gruppen erfrischen

Wenn Gruppen nach der Mittagspause im „Suppenkoma" hängen, hat Musik häufig eine ungeheuer belebende Wirkung. Oft reicht schon das Spielen der Musik aus, um Füße ins „Tänzeln" zu bringen; mit einem Zusatzangebot an bunten Bällen, einem Frisbee oder luftigen Tüchern entwickeln die Teilnehmer sehr schnell ihre eigenen Strategien, das eigene Energielevel auf ein höheres Niveau zu bringen.

Einen meiner Lieblingsauffrischer möchte ich Ihnen hier vorstellen – das . Alle Teilnehmer stehen dabei im Kreis, die Füße stehen schulterbreit auseinander. Stellen Sie sich vor, Sie stehen vor einem kleinen, mit Früchten voll hängenden Pflaumenbaum. Im Rhythmus zur Musik pflücken Sie 2x oben rechts, 2x oben links, 2x unten rechts, 2x unten links. Bei der Fülle der Pflaumen haben wir jedoch einige übersehen, von daher nochmals: 1x oben rechts, 1x oben links, 1x unten rechts, 1x unten links.

Energizer „Pflaumenpflücken"

Und voller Freude über die reiche Ernte schlagen wir mit der rechten Hand auf den linken Schenkel, dann mit der linken Hand auf den rechten Schenkel, mit beiden Händen auf die Pobacken und dann nochmals die Hände ineinander, bevor es in die nächste Pflückrunde geht, also: 2x oben rechts, usw. – übrigens: Als sehr geeignet hat sich hierzu der Soundtrack zu *„Jenseits der Stille"* (Film von Caroline Link) erwiesen.

Um Bewegungsstaus in Bewegung aufzulösen, können Sie auch gut Tänze in Ihr Seminar einbauen. Sie beleben Seminare sehr und fördern zudem die Gruppenkohärenz.

Das Seminar tanzt

Stimmungen schaffen

New Age ist eine neu entstandene Musikrichtung, die recht große Popularität erlangt hat und sich vor allem für Entspannung und Meditation eignet. Die Themen sind oft kosmisch und global, oft auch ethnisch oder naturalistisch. Diese Musik wirkt aufgrund ihrer einfachen Struktur weiträumig und offen, sodass viele Menschen sie als entspannend und heilend empfinden.

Sie eignet sich ganz besonders für Phasen der Still-, Partner- oder Gruppenarbeit, da sie in aller Regel rein instrumental ist. Oft scheint es bei Musik mit Text zu einer Interferenz zu kommen, die das Arbeiten mit Sprache eher behindert. Solange Ihre Teilnehmer schreiben, lesen oder diskutieren, wählen Sie darum besser Musik ohne Text; wenn sie ein Mandala malen oder etwas basteln oder herstellen, können Sie gerne auch ruhige Musik mit Text verwenden.

New Age als Stimmungsmacher

Inhalte präsentieren

Im suggestopädischen Kreislauf hilft die klassische Musik, Inhalte auf eine ganz spannende Weise zu präsentieren. Aber auch mit themenorientierter Musik können Sie Ihre Gruppe zu einem Thema hinführen: Die grammatische Struktur des „present perfect progressive" im Englischunterricht lässt sich gut an David Hasselhoffs *„I've been looking for freedom"* festmachen; das Thema Rassismus findet sich in „*Ebony and Ivory*" von Paul McCartney und Michael Jackson wieder. Pe Werners „*Kribbeln im Bauch*" fand sehr viel Zuspruch während eines Paar-Seminars „Zeit für meinen Partner". Verkäufer, denen bewusst gemacht werden soll, wie wichtig der Verkauf von Zubehör ist, sprangen bei Marianne Rosenbergs „*Er gehört zu mir*" (so wie quasi das Zubehör zum Hauptgerät gehört) begeistert von ihren Stühlen.

Musikalische Anker Wenn Sie dann zu einem späteren Zeitpunkt das entsprechende Lied wieder spielen, werden Sie die Teilnehmer durch das Zurückgreifen auf diesen musikalischen Anker bewusst an die vorherige positive Lernsituation erinnern – genau so, wie *Sie* durch ein ganz bestimmtes Lied an Ihre erste Liebe, einen tollen Urlaub oder eine sehr emotionale Situation erinnert werden können.

Unterrichtsinhalte wiederholen und vertiefen

Nach langen Input-Phasen greift die Suggestopädie gerne auf klassische Largos und Adagios zurück, um in einer Atmosphäre von geistiger Wachheit und entspanntem Lernklima den umfangreichen Stoff in komprimierter Form zu wiederholen. Ein Beispiel ist Bachs *Suite Nr. 3/D-Dur „Air"*.

Eine kreative Herausforderung an die Lernenden ist es, wenn es darum geht, Gelerntes zur Vertiefung in ein Lied zu packen: Ein allen bekanntes Lied bekommt einen neuen Text, wobei die Melodie erhalten bleibt. So könnte eine neue Liedstrophe für „Bruder Jakob, schläfst du noch" ganz im Sinne dieses Artikels lauten:

Bruder Jakob	Lernen mit Musik
Schläfst du noch?	Tanz, CD und Lieder
Hörst du nicht die Glocken?	bedeutet Spaß und Freude,
Ding – dang – dong.	Kreativität!

Auditive Lernumgebung bewusster gestalten

Unsere Arbeit ist umso effektiver, je mehr Sinne wir ansprechen. Für den auditiven Lerner ist der Einsatz von Musik ein willkommener Reiz, der Kinästhet wird seine Freude bei der durch Musik unterstützten Bewegung haben, und der visuelle Lerner wird sich am bunten Tun und dem Lachen in den Gesichtern der Teilnehmer erfreuen.

Allerdings ist es sehr sinnvoll, sich Gedanken zu machen, in welcher Weise Musik die inhaltlichen, persönlichen, methodischen und sozialen Lernziele unterstützen kann. Beantworten Sie dazu stets die Frage: „Wozu möchte ich an dieser Stelle des Seminars diese Musik einsetzen?" Ist Ihnen die Antwort klar, dann laufen Sie auch nicht Gefahr, dass Musik zur Dauerberieselung wird.

Unterstützung der Lernziele

Musik kann also in völlig unterschiedlicher Weise im Seminar eingesetzt werden. Durch das Ansprechen aller Sinne gestalten Sie Ihren Unterricht ganzheitlicher und somit effektiver. Und zu guter Letzt ist der Einsatz von Musik eine Methode, mit der der Trainer den Teilnehmern zu erkennen gibt, dass er nicht nur die fachlichen Inhalte, sondern auch eine gute Lernatmosphäre kompetent zu gestalten versteht.

Kapitel 14: Funktionen und Verwendung von Musik in der Suggestopädie

von Ulrike Quast

Der Musik kommt eine ausschlaggebende Rolle als künstlerisches, didaktisches und psychologisches Mittel in der Suggestopädie zu. Bei der Beschreibung ihrer Wirkungen gehe ich vor allem von ihrer Funktion als begleitendes Instrumentarium aus – dabei sind sieben Funktionen zu unterscheiden.

Die sieben Funktionen der Musik

Musik löst beim Hörer zum einen physiologische Effekte aus. Sie führt zur Erregung „des zentralen Teils des akustischen Analysators", wodurch „günstige Voraussetzungen für die Aufnahme akustischer Reize in Gestalt von verbalem Lernmaterial" geschaffen werden (Lehmann, 1982, S. 11). Durch ihre aktivierende Wirkung auf neuronale Prozesse fördert sie sowohl den Stofferwerb als auch Konsolidierungsprozesse in der Stoffaneignungsphase.

2 Musik kann zudem einen psychohygienischen Effekt bewirken, der in der Suggestopädie als Zustand von Entspannung und Beruhigung erlebt wird. Die so genannte trophotrope Musik löst diese Entspannungszustände aus. Diese Musikform wird durch Kennzeichen wie Legato, „sanftes Fließen der Melodie", harmonische Grundbewegung, wenig akzentuierte Rhythmen und geringe Dynamik beschrieben (vgl. Decker-Voigt). Insbesondere erzeugen langsame Sätze der Barockmusik sowie der klassischen Musik die genannte entspannende Wirkung. Wird ein solcher Entspannungszustand erreicht, können Lernprozesse optimiert werden. Das Gegenteil ist bei Stress und Anspannung der Fall, da sie zu Gedächtnislücken und Denkblockaden führen können.

3 Musik vermittelt sich uns auf ihre besondere, also emotionale Weise – folglich wird sie auch überwiegend durch Stimmungen, Emotionen und Gefühle erfahren. Geeignete Musik kann ästhetische und angenehme Gefühle der Lerner erzeugen und auf diesem Weg die Lernmotivation erhöhen. Sie regt somit emotionale und motivationale Prozesse an, die etwa dazu führen, dass Lernbarrieren beseitigt, eine positive Lernatmosphäre hergestellt und eine förderliche Lerneinstellung beim Lernenden erreicht wird.

4 Die durch die Musik hervorgerufenen Stimmungen und Emotionen einzelner Gruppenmitglieder können sich im Gruppenverband weiter fortpflanzen. Es kommt hierbei zu einer „unbewussten und unwillkürlichen Übertragung psychischer Stimmungen von Gruppenmitglied zu Gruppenmitglied" (Lehmann, 1992, S. 84). Diese durch ausgewählte Musik hervorgerufene positive Grundresonanz kann gruppendynamische Prozesse in Gang setzen, die auf gegenseitiger Akzeptanz und Toleranz basieren, deren es besonders in den lernerzentrierten, interaktiven Unterrichtsphasen wie Rollenspielen, Interaktionsspielen und Projektunterricht bedarf.

5 Untersuchungen haben ergeben, dass dissonante Musik durch die linke Hemisphäre verarbeitet wird, während die Verarbeitung harmonischer Musik vorzugsweise in der rechten Hemisphäre erfolgt. Geht man davon aus, dass die linke Hemisphäre auf verbale Stimuli spezialisiert ist, wird durch die Verbindung von Sprache und Musik die globale Aktivität beider Hirnhemisphären unterstützt. Gleichzeitig setzt Musik einen Assoziationsfluss beim Hörer in Gang. Durch die so entstehende assoziative Verknüpfung von Informationen im Gehirn werden die Ausprägung multipler Verzweigungen in der Gedächtnisstruktur sowie die erneuten Abrufprozesse für die gelernten Inhalte gefördert. Zudem gilt der positive Effekt von Musik auf die Intelligenz als wahrscheinlich.

6 Der genannte Effekt spezifischer Musik als harmonisierendes Medium erzeugt den Abbau von Reaktionen wie Anspannung, Ängstlichkeit und Aggression und baut Lernblockaden ab. Auf diese Weise wird durch die Verbindung von Text und Musik der Weg für den verbalen Input gebahnt, der dann ohne intellektuelle Anstrengung aufgenommen werden kann. Es können also mehr oder weniger unbewusste Aktivitäten der Wissensaneignung und -speicherung ausgelöst werden.

7 Musik enthält Elemente archaischer Kommunikation wie Rhythmus, Tempo, Dauer, Tonhöhe, Klangfarbe, Resonanz und Schall. Da diese Eigenschaften der Musik auch der gesprochenen Sprache eigen sind, führt der Einsatz von Musik in Verbindung mit Sprache zu einer synchronisierenden, strukturierenden, verstärkenden und akzentuierenden Wirkung. Die Verarbeitung der übermittelten sprachlichen und musikalischen Informationen durch den Hörer vollzieht sich als eine Art Autokommunikation. Zur Aktualisierung dieser inneren Kommunikation (nach Fantasiereisen und Imaginationsübungen) oder zum Abrufen eingespeicherten Materials (nach Lernkonzerten) kommt sprachlichen Interaktions- und Kommunikationsprozessen eine wichtige Rolle zu.

Musik in der Suggestopädie

Das infolge der Verwendung von Musik auch als Lernkonzert bezeichnete Verfahren ist das Kernstück der suggestopädischen lehrstrategischen Methode. Das folgende Beispiel zeigt den Einsatz der Musik in der Leipziger Variante des Lernkonzerts.

Musikeinsatz: konkretes Beispiel

1. Teil: Es erklingt eine langsame und entspannende Einführungsmusik. Die Teilnehmer befinden sich im rezeptiven Zustand (angenehme Sitz- oder Liegeposition, Augen möglichst geschlossen). Sie werden dazu angehalten, die Musik und ihre eigene Befindlichkeit sowie entstehende Emotionen, Assoziationen und Erinnerungen wahrzunehmen, ohne daran „festzuhalten". Damit soll eine Aufnahmebereitschaft für den folgenden Lehrtext geschaffen werden.

Musikvorschlag: *Konzert für Harfe und Orchester C-Dur, 2. Satz (François Boieldieu)*

2. Teil: Der Kursleiter trägt den Lehrtext zu langsamen Sätzen klassischer Musik vor; die Teilnehmer lesen den Text mit (analytische Phase). Beim nochmaligen Lesen des Textes durch den Kursleiter haben die Teilnehmer die Augen geschlossen und lassen Text und Musik „vorbeiziehen", ohne ihre bewusste Aufmerksamkeit darauf zu richten (synthetische Phase). Aus Zeitgründen lässt sich dieser zweite Teil auch auf die synthetische Phase reduzieren.

Musikvorschlag: (bei einem längeren Lernkonzert kann man diese Musikstücke einfach aneinander reihen)

- *Sinfonie A-Dur, 2. Satz (Wolfgang Amadeus Mozart)*
- *Sinfonie C-Dur, 2. Satz (Wolfgang Amadeus Mozart)*
- *Konzert für Klarinette und Orchester A-Dur, 2. Satz (Wolfgang Amadeus Mozart)*
- *Konzert für Fagott und Orchester B-Dur, 2. Satz (Wolfgang Amadeus Mozart)*
- *Konzert für Oboe und Orchester C-Dur, 2. Satz (Joseph Haydn)*

3. Teil: Die Teilnehmer hören eine aktivierende Abspannmusik und „tauchen" allmählich wieder aus dem Zustand der Entspannung auf (recken und strecken sich, atmen tief und öffnen die Augen wieder).

Musikvorschlag: *Konzert für Klavier und Orchester B-Dur, 1. Satz (Johannes Brahms)*

Natürlich lässt sich Musik weitaus vielfältiger in den suggestopädischen Unterricht integrieren. So lässt sich Musik etwa einsetzen für folgende Anwendungen:

Weitere Verwendungs- möglichkeiten

- Musikrezeption (Vorder- und Hintergrundmusik in diversen Anwendungen)
- Musik zur Entspannung und Konzentration
- Musik zur Aktivierung
- Musik zur Sensibilisierung von Wahrnehmungsprozessen
- Musik für Selbstausdruck und Kreativität
- Musik beim Stofferwerb
- Lieder, Songs und Rockmusik zum Hören, Verstehen, Analysieren, Nachsingen, Diskutieren

Mein Fazit: Musik gehört zu den wirksamsten Instrumentarien der Suggestopädie. Sie kommt insbesondere im Lernkonzert zum Tragen. Aber auch in anderen Unterrichtsphasen übt Musik wichtige Funktionen aus.

Kapitel 15: Rhythmisierung: zwischen Spannung und Entspannung

von Barbara Messer

Wie die Wogen unserer Meere, Wellen, die sich in ihrer ganze Breite von leise plätschernd bis gewaltig verteilen und ewig in diesem Rhythmus bleiben, so ist vieles, was wir aus der Natur kennen, in Bewegung: Tag und Nacht, Aktivsein und Ausruhen, Wachen und Schlafen, Hungern und Sattsein, Kleinsein und Großwerden. Auch für uns selbstverständliche Vorgänge wie das Atmen unterliegen einem Rhythmus: Einatmen und Ausatmen, der stete Schlag unseres Herzens und die Zeit zwischen den Schlägen, die mit großer Kraft Blut durch unseren Körper geben. Rhythmus ist allgegenwärtig und unverzichtbar wie die Jahreszeiten.

Rhythmus in der Natur

Die Bedeutung und der Nutzen der Rhythmisierung

Diese Erkenntnis, dass Dinge und Prozesse in Bewegung sind, macht sich die Suggestopädie bei dem so bedeutenden und wunderbaren Prozess des Lernens zunutze: Rhythmisiertes Lernen bewegt sich in dem Feld

Rhythmisiertes Lernen

zwischen Spannung und Entspannung. Dazu wechseln sich Lernphasen ab – nach Phasen voller Schwung mit Tempo und Energie kehrt in Entspannungsphasen Ruhe ein. Der Lernende hat Zeit zum Träumen, Ausruhen und Zeit, um den gelernten Stoff zu verdauen.

Nutzen der Rhythmisierung

Ganz ähnlich wie Kinder ohne Absprache beim Spiel ihren Rhythmus wechseln, verändern wir im suggestopädischen Unterricht Stimmungen und Rhythmen. Denn die Nutzenaspekte der Rhythmisierung sind:

- Lernen wird als abwechslungsreich und angenehm empfunden, das vermeidet Langeweile.
- Lernen ist lebendig, wird zum natürlichen Prozess.
- Alle „Lernkanäle", alle Lerntypen werden angesprochen.
- Das Lernen wirkt natürlich und biologisch – und nicht trocken und technisch.
- Unser Gehirn und unser Körper werden gleichermaßen angeregt und aktiviert.
- Wir Trainerinnen und Trainer erfahren Lernsituationen als lebendig und erhalten ein sinnvolles Muster, um unseren Unterricht adäquat vorzubereiten.

Konzentration wecken

Der Suggestopädie geht es im Wesentlichen um das richtige Maß an Spannung, um das „Dabeisein" der Teilnehmer, die sich als Lernende engagieren und sich zugleich entspannen und aktiv am Lernprozess beteiligen. Aus Erfahrung und der Literatur wissen wir, dass nach spätestens 20 Minuten konzentrierter Aktion, wie beispielsweise dem Zuhören bei einem Folienvortrag oder einer PowerPoint-Präsentation, die Luft raus ist und die Konzentration nachlässt. Wenn aber unsere Konzentration nachlässt, so kommt schnell Langeweile, Frust oder auch echter Stress auf. Um dem vorzubeugen, bietet es sich an, das Training, den Unterricht und die Lernsituation phasenweise zu rhythmisieren.

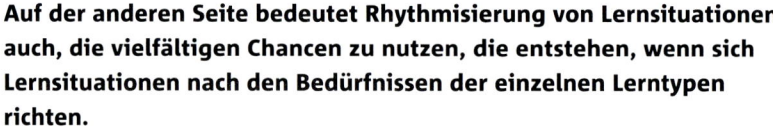

Auf der anderen Seite bedeutet Rhythmisierung von Lernsituationen auch, die vielfältigen Chancen zu nutzen, die entstehen, wenn sich Lernsituationen nach den Bedürfnissen der einzelnen Lerntypen richten.

Dazu gibt es als roten Faden den suggestopädischen Kreislauf, der im zweiten Teil ausführlich vorgestellt wurde. Es gibt aber noch mehr Möglichkeiten, um den Unterricht zu rhythmisieren.

Möglichkeiten der Rhythmisierung

Rhythmisierungsinstrumente sind zum Beispiel:

- lerntypengerechtes Arbeiten
- Wechsel der Sozialformen im Unterricht
- Aktiv- und Entspannungsphasen
- Wechsel zwischen körperlichen und geistigen Aktivitäten
- gelenktes und freies Arbeiten

Zu Anfang eines Trainings und einer Unterrichtssituation sind die meisten Menschen – und das gilt auch für Trainerinnen und Trainer – aufgeregt oder auch angespannt. Gut tut es dann, wenn wir uns entspannen können. Nach etwas Entspannung ist uns dann meist nach Aktion zumute. Wenn Sie dies bei der Planung und Durchführung Ihres Trainings berücksichtigen, gelingt Ihnen die lebendige Gestaltung eines Seminars, in dem die Rhythmisierung zum integralen Bestandteil gehört – dies zeigt ein beispielhafter Trainingsablauf zum Thema „Qualitätsmanagement im Gesundheitswesen":

Aktion entspannt

Beginn / Einstimmung und Entspannung	■ Vorstellung Trainerin ■ Centering / Anleitung zu mentaler und körperlicher Entspannung (Hier schon mit Hinführung auf das Thema Qualität. Wo wird Qualität im eigenen privaten Leben erlebt?) ■ Kurzer Hinweis auf organisatorische Belange des Tages ■ Vorstellung der Teilnehmer mithilfe in der Mitte des Stuhlkreises ausgelegten Bildpostkarten
Aktivierende Einheit	■ Museumseröffnung zum Thema „Qualität": In Form einer Museumseröffnung erfolgt eine erste Einführung in das Fachthema ■ Bandwurmsätze zum Thema „Definitionen Qualität": Die Teilnehmer bekommen die Aufgabe, aus „Satzschnipseln", die im Ursprung eine Definition des Begriffes Qualität darstellten, wieder einen vollständigen und sinnvollen Text zusammenzulegen

Aktivierende Phase	■ Erarbeitungsphase / Gruppenarbeit: Die Teilnehmer bekommen die Aufgabe, sich das Wissen um einen Kreislauf der Qualitätsentwicklung anzueignen und dieses anschließend zu präsentieren
Pause	
Kurzer Energieaufbau	■ 2-minütiger Energieaufbau
Entspannung	■ Passives Lernkonzert: Die Teilnehmer lauschen in entspanntem Zustand einem Text, in dem es um die Entwicklung von Qualität geht
Aktivierende Einheit	■ Partneraufgabe: Die Teilnehmer bekommen zu zweit einen Qualitätscheckbogen an die Hand, mit dem sie eine Qualitätsbeurteilung ihres eigenen Arbeitsbereiches vornehmen ■ Anschließend wird das Ergebnis auf einem vorbereiteten Flipchartpapier „gepunktet"
Aktivierende Einheit	■ In „Murmelgruppen" wird sich darüber ausgetauscht, was „bisher erfahren und gelernt worden ist"
Pause	
Energieaufbau	■ Kreistanz

Aktivierende Einheit	■ Trainerpräsentation: Die Trainerin präsentiert zwei Versionen von Qualitätszirkelarbeit mit Handpuppen
	   – Version unter dem Motto: „So auf keinen Fall"
	   – Version unter dem Motto: „Ja, genau so!"
	■ Danach Diskussion über effektive und ökonomische Qualitätszirkelarbeit

Aktivierende Einheit	■ Erarbeitungsphase: Die Teilnehmer erhalten einen Fachtext zum Thema „Qualitätszirkelarbeit", zu dem sie anschließend Thesen aufstellen. Diese werden dann per Flipchartpräsentation vorgestellt

Entspannung	■ Integration des bisher Erfahrenen: Die Trainerin spricht zu einer mentalen und körperlichen Entspannung einen Text, in dem die bisherigen Inhalte zusammengefasst sind
Entspannung	■ Die Trainerin liest eine Geschichte in Form einer Metapher zum Thema „Qualitätsentwicklung und der Weg dahin" vor
Pause	
Energieaufbau	■ Der Kreistanz wird noch einmal getanzt
Aktivierende Einheit	■ Rollenspiel: Die Teilnehmer erarbeiten sich das Thema „Qualitätszirkelarbeit" anhand mehrerer Versionen eines Rollenspiels. Nach jeder Version kurze Diskussion
Erarbeitungsphase und erste Integration	■ Quiz: Gruppenarbeit: Die Teilnehmer erarbeiten sich in Kleingruppen 5 bis 6 Fragen zu Thema und Stoff des Tages. Zu den Fragen gehören selbstverständlich auch die entsprechenden Antworten ■ Anschließend werden diese Fragen in Quizform den anderen Gruppen gestellt
Integration	■ Mentale Integration: Die Trainerin spricht eine mentale Integration des Tages
Persönliche Reflexion des Tages	■ Blitzlicht-Feedback: „Was genau nehme ich aus diesem Tag mit?" ■ Ende des Trainingstages

Kapitel 16: Mit Raumgestaltung Wohlfühlatmosphäre schaffen

von Susanne Beermann

Die Raumgestaltung hat in der Suggestopädie eine große Bedeutung. Wenn die Teilnehmerinnen und Teilnehmer den Seminarraum betreten, sollen sie sich wohl fühlen und Lust haben, etwas Neues zu lernen. Das bedeutet: Statt eines sachlich-nüchternen Raumes finden die Teilnehmer eine Umgebung vor, die einladend und motivierend wirkt.

Umgebung attraktiv gestalten

Damit entspricht die Suggestopädie nur einem ganz typischen, menschlichen Bedürfnis. Vielleicht werden ja auch bei Ihnen Erinnerungen an die eigene Schulzeit wach: Haben wir als Schüler nicht auch versucht, durch persönliche Utensilien, Poster, Pflanzen oder die Aufstellung der Tische und Bänke in Hufeisenform eine Wohlfühlatmosphäre herzustellen, eine für das Lernen angenehme Atmosphäre? Richten wir uns den Arbeitsplatz nicht auch gerne mit Fotos, Bildern, Blumen und Stofftieren freundlicher ein? Warum sollen wir uns also nicht auch in Seminaren und Workshops die Umgebung attraktiver gestalten? Plakate zum Beispiel können unsere Motivation erhöhen, ebenso die Aufstellung von Stühlen in (Halb-)Kreisform oder auch die Dekoration der Mitte mit einem Blumenstrauß.

Einsatz von Postern und Flipcharts

Eine besonders häufige Form der Dekoration in der Suggestopädie ist der Einsatz von Postern und Flipcharts. Poster (Plakate) etwa können der Raumgestaltung, der Motivation, der Information oder dem Lernen neuer Inhalte dienen. Poster oder Flipcharts können einen Überblick über die Seminarinhalte geben. Auf diese Weise können sich die Kursteilnehmer auf das Seminar einstimmen und sich zudem immer wieder orientieren, welches Thema gerade behandelt wird.

Namen bildlich darstellen

Mit einem Poster oder Plakat können Sie sich zu Beginn des Kurses vorstellen, indem Sie zum Beispiel Ihren Namen bildlich darstellen, Ihren Beruf beschreiben oder Ihre Hobbys aufzählen. Auf diese Weise bleibt Ihr Name den Teilnehmern besser im Gedächtnis haften.

Boden- und Tischdekoration

Sie haben aber noch viele weitere Möglichkeiten, Seminarräume freundlicher zu gestalten – so etwa die Bodendekoration. Bei einer Anordnung der Stühle in Kreisform empfiehlt es sich, in die Mitte einen Blickfang zu setzen. Das kann beispielsweise ein schöner Blumenstrauß sein. Oder bunte Seidentücher mit Utensilien, die in das Thema einführen.

Postkarten mit Stimmungsbildern eignen sich ebenfalls als Dekoration. Sie können auch verwendet werden, um etwas über die Stimmung der einzelnen Teilnehmer zu erfahren. Hierzu nimmt jeder Teilnehmer eine Postkarte, die die eigene momentane Stimmungslage oder Erwartungshaltung widerspiegelt.

Elemente aus der Natur wie Zweige oder Herbstlaub bieten sich ebenfalls als dekorativer Blickfang an. Ein Netz (Fischernetz, Einkaufsnetz) kann als Sinnbild für vernetztes Lernen dienen oder Anknüpfungspunkt für neue Themen sein. Süßigkeiten wie kleine Schokoriegel oder Bonbons runden die Gestaltung der Mitte ab und versüßen den Teilnehmern das Seminar.

Neben den einzelnen Tischen für die Teilnehmer (etwa im Computer-Unterricht) sollten Sie noch einen eigenen Tisch vorsehen, den Sie für die Vorstellungsrunde oder zur Durchführung von Spielen nutzen können. Auch diesen Tisch können Sie dekorieren – mit einem Blumenstrauß, einer Schale mit Süßigkeiten oder Rohkost und Obst. Für Teilnehmer, die frühzeitig kommen, aber auch für die Pausenzeiten kann der Tisch mit Geduldspielen und Büchern bestückt sein. Das hat den Vorteil, dass sich die Teilnehmer mit dem Thema vertraut machen können, und Sie können ungestört alle Seminarvorbereitungen treffen. Darüber hinaus können Sie auf dem Tisch natürlich auch Visitenkarten und Flyer zum Mitnehmen auslegen.

Dekorative Blickfänge schaffen

Wand- und Deckendekoration

Als Wanddekoration bieten sich visuelle Elemente an, die den Teilnehmern immer wieder Gelegenheit geben sollen, fachliche Inhalte zu vertiefen, sich motivieren zu lassen oder auch zu entspannen. Dazu eignen sich Plakate mit Sprüchen, mit fachlichen Inhalten, Plakate mit Bildern, Grafiken, eine Wandzeitung, Flipchartblätter und Fotos.

Um die Plakate und Charts schnell und leicht befestigen und entfernen zu können, eignen sich gerollte Tesakreppstreifen. Eine Alternative zu dieser Röllchenmethode stellt eine Haftfolie dar, die durch statische Aufladung von alleine an der Wand haftet. Sind Magnetleisten vorhanden, können Sie Ihre Poster bequem mit Magneten befestigen.

Plakate an die Wand

Eine interessante und im wahrsten Sinne des Wortes außergewöhnliche Gestaltungsvariante sind Deckendekorationen, wie Plakate, Netze, Mobile und Zweige. Aber Achtung: Eine Deckendekoration empfiehlt sich nur bei mehrtägigen Seminaren, da der Aufwand der Montage und Demontage erheblich größer ist als bei einer Wand- oder Bodendekoration.

Tipps zur Erstellung der Dekorationen

Nehmen Sie am besten einen einseitig beschichteten, farbigen Fotokarton im Format DIN-A2. Nutzen Sie für die Gestaltung die Vielfalt der unterschiedlich farbigen und strukturierten Papiersorten. Daraus können Sie geometrische Formen schneiden und mit Sprühkleber auf dem Fotokarton fixieren. Auch Fotos oder Grafiken können Sie verwenden. Oder Sie illustrieren und beschriften die Plakate selbst mit Filz- oder Farbstiften.

Sorgfältige Vorbereitung Für den Schutz des Posters vor Verschmutzung, Beschädigung und Abnutzung verwenden Sie am besten eine transparente Klebefolie, zum Beispiel Decifix. Schneiden Sie die Folie mit ausreichendem Überstand an jeder Seite (etwa 3 cm) zu. Legen Sie dann die Folie mit der Klebeschicht nach oben auf eine harte Unterlage, entfernen Sie das Schutzpapier und legen Sie dann das Plakat mit dem „Gesicht" nach unten auf die Klebeschicht der Folie. Schneiden Sie vor dem Umknicken der Ränder die Ecken diagonal ab und kleben Sie zum Schluss diese Dreiecke auf der Rückseite des Plakates auf die Ecken. Nun brauchen Sie nur noch die Vorderseite glatt zu streichen.

Wollen Sie Flipchartblätter mehrfach verwenden, beschriften Sie diese mit den Begriffen, die Sie vorgeben wollen. Die Inhalte, die Sie mit den Teilnehmern erarbeiten wollen, können Sie auf bunte Pinnwandkarten oder Post-its schreiben und im Seminar aufkleben (lassen). Wenn Sie Flipchartblätter an die Wand hängen wollen, kleben Sie zuvor die oberen beiden Ecken mit transparenter Folie oder Tesafilm ab, damit sich die Klebestreifen wieder leicht ablösen lassen.

Kapitel 17: Lerntypengerechtes Arbeiten

von Dorothea Driever-Fehl

Wahrscheinlich sitzt auch bei Ihnen im Seminar stets eine „bunte Truppe" unterschiedlicher Typen – und Lerntypen. Und Sie sollten möglichst in der Lage sein, auf diese Typen individuell und typengerecht einzugehen. Wenn Menschen so lernen dürfen, wie sie am besten lernen können, erleben sie meist mehr Freude dabei. Ich stelle Ihnen daher einige ausgewählte (Lern-/Intelligenz-)Typen vor; zu jedem erhalten Sie eine „Gebrauchsanweisung" für optimales Lernen. Auch wenn Sie sicher einiges davon bereits machen, werden Sie noch systematischer auf die Unterschiedlichkeit Ihrer Lerner eingehen können.

Bunte Truppe

Die sieben Lerntypen

Bunte Methoden

Warum überhaupt ist lerntypengerechtes Arbeiten so wichtig? Der Mensch nimmt Informationen über seine Sinne auf. Das heißt, jeden Lernstoff nehmen wir über Auge, Ohr, Nase, Mund / Geschmack, Sinnlichkeit / Tasten auf und verarbeiten ihn mithilfe dieser Sinne. Im Unterricht oder Training wirken sich diese Lern-/Denktypen für Kenner sichtbar aus. Die Lerntypen sind gut an ihrem Denken und Handeln zu identifizieren – ich unterscheide dabei sieben Typen.

Anna Audi liebt Stimmen, Laute, Reime, Musik und spricht leidenschaftlich gerne. Für andere ufert ihr Redefluss manchmal ein bisschen aus.

Karl Körper ist ein Bewegungsjunkie, er bewegt sich gerne und will am liebsten alles anfassen. Er liebt „action", Spannung, Herz und Scherz.

Das wiederum ist ein Gräuel für **Viktoria Video**. Sie hat es gerne geordnet, klar und übersichtlich und möchte alles unter Kontrolle haben. Sie will immer etwas sehen, ohne ein Buch und Schreibmaterial trifft man sie selten.

Gloria Global liebt den Globus, mit der ganzen Erde auf einen Blick. Bei ihrer Reiseplanung braucht sie immer erst einen Überblick.

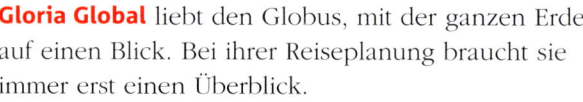

Lukas Lineal arbeitet sich gerne schrittweise vor, ist sehr logisch, genau und geduldig.

Bertram Bekannt freut sich immer, wenn seine neuen Bekanntschaften gar nicht so neu sind. Bei jeder neuen Bekanntschaft fragt er sich: „Wem von meinen Bekannten ähnelt er?" oder: „Wen kennt der Neue oder die Neue, den ich auch kenne?" So orientiert er sich schnell an deren Ähnlichkeiten und Gemeinsamkeiten. Sein Lieblingsspruch ist: „Passt schon." Er hat den Spitznamen „der Matcher" und soll schon so manches Paar „verkuppelt" haben.

Bei mir funktioniert das nicht!

Udo Unterschied ist das glatte Gegenteil zu Bertram Bekannt. Er wendet allen detektivischen Scharfsinn auf, überall Unterschiede zu entdecken. Man munkelt, er könne sogar zwischen zwei Euromünzen über 50 Unterschiede finden. Mit dieser wunderbaren Fähigkeit geht er seinen Mitmenschen manchmal auf die Nerven, denn er sucht stets den Haken bei einer Sache. Deswegen hat er den Spitznamen „der Mismatcher".

Jetzt kennen Sie die Truppe ein wenig, und vielleicht ist Ihnen aufgefallen, wie unterschiedlich diese Typen vorgehen, arbeiten und denken. Dieses Wissen hilft Ihnen, die Typen, die übrigens selten in Reinform, sondern meist als Mischtypen auftreten, zu identifizieren und ihnen Lernangebote zu machen, die ihren Bedürfnissen entsprechen.

Mischformen die Regel

Lernbuffets kreieren

Und schon sind wir beim nächsten Punkt: Wie bekomme ich die alle im Unterricht unter einen Hut? Unter einen Hut – das wird nicht klappen, das wäre, als würden Sie mehrere Aktionen gleichzeitig ausführen. Jedem sollten Sie ab und zu „seinen" Hut anbieten. Offerieren Sie Ihren Teilnehmern ein Buffet an Lernwegen, keinen Eintopf! Lassen Sie Ihre Lerner öfter zwischen unterschiedlichen Lernwegen wählen: Austausch mit dem Partner (für die auditiven Lerner), Skizzierung des Lernstoffs, zum Beispiel in Form einer Mind-Map (für die visuellen) und Karten sortieren oder etwas modellhaft „nachbauen" (für die kinästhetischen Lerner). Fangen Sie mit kleinen Schritten an. Konzentrieren Sie sich besonders auf die vernachlässigten Lernstile.

Unterschiedliche Lernwege

Wie Sie die passenden Angebote machen können? Anna Audi, Karl Körper und Viktoria Video haben noch zwei Freunde: *Otto Olfaktor* (Spezialität: riechen) und *Gustav Gustator* (Spezialität: schmecken). Sie alle bevorzugen einen Sinneskanal bei der Aufnahme von Informationen, oft abgekürzt als VAK oder VAKOG (*V*isuell, *A*uditiv, *K*inästhetisch, *O*lfaktorisch, *G*ustatorisch). Mehrkanalige Informationen speichert unser Gehirn vielfältig ab und liefert mehr Assoziationen beim späteren Rekonstruieren (= Erinnern) der Information. Das erleichtert das Lernen und Anwenden des Gelernten.

VAKOG-Konzept

Der auditive Lerner

Machen Sie sich klar, dass die wenigsten Menschen nur durch Zuhören lernen! Untersuchungen mit Kindern zeigen, dass höchstens 10 bis 15 Prozent der Kinder einer Klasse „multimedial" sind und aus einem Vortrag Nutzen ziehen. Die restlichen 85 bis 90 Prozent behalten fast nichts von dem, was sie hören! Selbst auditive Lerner lernen nicht besonders viel nur durch Zuhören. Auditive sind sehr interaktiv und müssen sich selbst sprechen hören, oft sprechen sie, um zu denken. Außerdem lassen sie sich besonders leicht durch Geräusche ablenken. Konsequenzen für den Unterricht sind: Gruppen- und Partnerarbeit, sokratische Fragen stellen, Lerner antworten und diskutieren lassen, Gelerntes in eigenen Worten wiedergeben lassen, Merksprüche und Reime, Lernkonzerte, Lernkassetten, Rollenspiele und Simulationen und Lerndialoge.

Dialoge (vor-)lesen

Bei Lerndialogen lesen die Lerner einen Dialog mit dem Lernstoff in Dreiergruppen mit verteilten Rollen. Dieses Vorgehen hat mehrere Vorteile: Alle Lerner sind gleichzeitig aktiv, die auditiven profitieren vom eigenen Sprechen, die visuellen Lerner sind durch das Lesen des Textes ganz in ihrem Element. Und die „Mismatcher" können sich mit der skeptischen Person identifizieren.

Der kinästhetische Lerner

Kinästhetische Lerner lieben „Lernen durch Tun", sie mögen es, wenn sie erst handeln und dann darüber reflektieren, sie wollen den Lernstoff begreifen, sie wollen etwas anfassen, spüren, erleben, erproben, sie lieben Bewegung. Sie sind oft sprachlich ungewandt, weniger interessiert an abstrakten Inhalten, wollen weniger wissen, warum etwas so ist, wie es ist, sondern eher, wie sie es tun können.

Be-greifen lassen

Schaffen Sie also viele Gelegenheiten, bei denen die Lerner sich körperlich betätigen können, etwa indem sie Modelle zusammenbauen, mit Lernkarten hantieren, Lernstoff im Rollenspiel oder durch Bewegung darstellen oder beim Lernen umhergehen. Kinästhetische Lerner lieben Geschichten und Beispiele, Überraschungen und Emotionen – dazu einige Beispiele:

- Um die Gefahr von Schleppnetzen für Wale und Delphine nachvollziehen zu können, wurden Schülern die Hände mit Gummis „gefesselt". Sie sollten sich aus den Gummis befreien, ohne zu atmen.
- Um sich besser in ältere Kunden hineinversetzen zu können, zogen kaufmännische Auszubildende eine leicht verschmierte Brille und Gartenhandschuhe an und füllten damit Überweisungsformulare aus.
- Eine Überraschung erlebten Schüler, als sie ihre Lehrerin beim Betreten der Klasse auf dem Rücken liegend auf dem Boden fanden. Thema des Mathematikunterrichts waren „Parallelen" – ein unvergesslicher und hochmotivierender Einstieg ins Thema.

Der visuelle Lerner

Visuelle Lerner wollen sehen, um zu lernen. Visuelle lassen sich noch einmal unterteilen in Verbalisierer und Visualisierer. Die Verbalisierer lernen besser, wenn sie Wörter und Texte vor sich haben, die Visualisierer bevorzugen Bilder und Filme. Visuelle Lerner wollen das „Warum" wissen, die Kontrolle behalten, lesen lieber selber als sich vorlesen zu lassen, wollen erst eine Erklärung, dann eine Demonstration – und dann erst selbst handeln. Bei Vorträgen brauchen visuelle Lerner ein Arbeitsblatt, eine Darstellung am Flipchart oder an der Tafel; alles, was mit dem Sehen zu tun hat, ist für sie hilfreich (Lernposter, Videos, Dias, Diagramme, Farben, Mind-Maps). Und auch innere Bilder, zum Beispiel in Form von Fantasiereisen, helfen ihnen sehr. Was sie nicht (so sehr) mögen, sind Beispiele und Geschichten, die Arbeit mit dem Nachbarn und Überraschungen.

Verbalisierer und Visualisierer

Geben Sie den visuellen Lernern also immer „Futter" für ihre Augen. Um die Eigenaktivität der Lerner zu fördern, lassen Sie sie Visualisierungen ergänzen: Lückentexte mit den Hauptaussagen eines Vortrages oder Grafiken und Piktogramme, bei denen Beschriftungen oder Teile zu ergänzen sind.

Globale und lineare Lerner

Globale Lerner wie Gloria Global unterscheiden sich von linearen Lernern durch das „große Bild", den Überblick, die Struktur, die sie – besonders zu Beginn – brauchen. Steht ihnen dies nicht zur Verfügung, können sie Vorträgen nur begrenzt folgen, weil sie herumrätseln, wo sie die Fakten einordnen sollen. Sie brauchen zu Beginn und auch zwischendurch immer wieder eine „Positionsangabe".

Globalen Überblick gewinnen

Lineare Lerner wie Lukas Lineal dagegen können sich Lernstoff sehr gut Punkt für Punkt erschließen. Ihnen helfen eher „ein Erläutern und Begründen von Schlüsselpunkten, das Anordnen der Schlüsselpunkte in einer logischen Reihenfolge, schriftliche Unterlagen zum Begutachten und objektives Analysieren der Gedanken" (Rose, Gill, Monet, Linker, S. 118). Der Überblick muss immer visualisiert und für die Lerner als Orientierungshilfe sichtbar sein.

Schritt für Schritt vorgehen

Verschiedene Formen, die linearen Lernern helfen können, sind eine Auflistung der Hauptpunkte, eine Lernlandschaft (Gegenstände zum Thema auslegen), eine Liste von Fragen, die die Lerner nach dem Vortrag oder Lernimpuls beantworten können, eine Gedankenkarte oder ein Mind-Map, eine grafische oder bildliche Darstellung.

Matcher und Mismatcher

Die beiden nächsten Lerntypen verbinden neuen Lernstoff auf sehr unterschiedliche Weise mit ihrem Vorwissen. Die Ähnlichkeitssucher, die Matcher, brauchen Gelegenheiten, den Lernstoff nach Ähnlichkeiten mit ihrem Vorwissen und ihren Erfahrungen abzusuchen. Sie lernen gut über Analogien. Die Unterschiedssucher, die „Mismatcher", klopfen alle Lerninhalte darauf ab, was daran neu ist, was im Widerspruch zu ihrem bisherigen Wissen und / oder ihren Erfahrungen steht. Sie forschen danach, wo etwas nicht klappen könnte. Trainer und Lehrende erleben Unterschiedssucher oft als Nörgler und Miesmacher, weil sie sich oft wie folgt äußern: „Das funktioniert so aber nicht", „Das kann ich bei mir gar nicht so anwenden" und „Nach der Theorie von … stimmt das aber gar nicht". Seit ich weiß, dass dies ihr Denk- und Lernstil ist, kann ich damit viel lockerer umgehen und verstehe ihr Verhalten nicht als Kritik oder Zurückweisung, sondern als Äußerung, die diesem Lerntyp angemessen ist.

Kanalisieren Sie den Lernstil der Unterschiedssucher durch entsprechende Aufgaben. Würdigen Sie deren Spürsinn.

Checkliste für einen lerntypenorientierten Unterricht

- Was werden die visuellen Lerner sehen? Welche Worte, welche Bilder? Welche Grafiken, Schaubilder?

- Was werden die auditiven Lerner hören und wie werden sie das Gehörte in Sprache fassen?

- Wie können die kinästhetischen Lerner die Lerninhalte be-greifen? Gibt es Modelle oder Gegenstände dazu? Wie können sie etwas im Rollenspiel darstellen? Wie können sie emotional angesprochen werden? Wie können sie selbst etwas ausprobieren und experimentieren?

- Welchen Überblick erhalten die globalen Lerner zu Beginn des Lernens über die Lernziele, den Nutzen, die Anwendungsmöglichkeiten des Gelernten? Wie können sie schnell die Grundmuster der neuen Informationen erfassen und die Details zuordnen? In welcher Form werde ich diesen Überblick visualisieren?

- Wie können sich lineare Lerner den Lernstoff Schritt für Schritt aneignen? Wie können sie sich seine logische Struktur beim Lernen zunutze machen?

- Wie kann ich den Ähnlichkeitssuchern (den Matchern) Gelegenheit geben, den Lernstoff nach Ähnlichkeiten mit Bekanntem abzusuchen? Welche Analogien und Alltagserfahrungen können ihnen helfen, den Lernstoff mit Bekanntem zu verknüpfen?

- Wie kann ich den Unterschiedssuchern (den Mismatchern) Gelegenheit bieten, den Lernstoff nach Unterschieden zu bereits Bekanntem abzusuchen? Wie „dürfen" sie entdecken, was ungewöhnlich ist, was nicht passt, welche Ausnahmen es von der gerade gelernten Regel gibt, wo der Lernstoff nicht anwendbar ist?

Kapitel 18: Trainerpersönlichkeit und Lernatmosphäre

von Karen Blümcke

Ein wesentlicher Bestandteil suggestopädischer Lernprozesse ist die Desuggestion (also die Beseitigung) negativer Selbstzuschreibungen, die wir alle aus unserer Lern- und Lebensgeschichte mitbringen, zum Beispiel: „Ich bin halt sprachlich nicht begabt!" oder „Lernen macht keinen Spaß und ist anstrengend!". Jeder Leser und jede Leserin mag an dieser Stelle eigene „Glaubenssätze" ergänzen – und dabei feststellen, dass das oftmals keine wirklich „eigenen" Überzeugungen sind, sondern Fremdeinschätzungen, die wir von unseren Eltern und Lehrern übernommen haben. Häufig handelt es sich auch um Verallgemeinerungen, das Scheitern in einem Einzelfall („Diese Ableitung versteh ich nicht!") wird auf gesamte Entwicklungsbereiche („Mathe kann ich eh nicht!") übertragen.

Negative Selbstzuschreibungen

Die Trainerpersönlichkeit

Suggestopädische Lernsituationen ermöglichen dem Lernenden einen Perspektivwechsel, sie ermöglichen lustvoll-ertragreiche Lernerlebnisse und initiieren so positive Selbstwahrnehmungen („Ich kann das ja doch"). Das wird eher selten kognitiv-linear geschehen, sondern meist „quasi nebenbei" – von den Lernenden oft nicht bewusst wahrgenommen –, weil

Perspektivwechsel ermöglichen

die suggestopädische Trainerin ein gnadenlos positives Menschenbild hat und bedingungslos optimistisch ist. Sie vertraut auf die Kompetenzen, Ressourcen und Entwicklungspotenziale der Lernenden.

Die suggestopädische Trainerpersönlichkeit versteht Lernende als verstandes- und gefühlsbegabte Persönlichkeiten, die sich lebenslang weiterentwickeln. Diese Grundeinstellung wirkt sich in jedem Kontakt aus – ganz offensichtlich durch verbale Bestätigungen wie Lob und Anerkennung, viel wirkungsvoller aber noch durch nonverbale Botschaften: eine freundlich zugewandte Haltung, Blickkontakt, eine offene Mimik und Gestik. Sogar die „Selbstdarstellung" der Trainerin durch Kleidung, Schmuck, Frisur und Parfum gibt Lernenden wirkungsvolle Hinweise darauf, wie die Rollen in der Lernsituation verteilt sind, welches Leitungsverständnis die Trainerin hat, wie Beziehungen gestaltet werden und welche Verhaltensweisen vermutlich erlaubt sind oder wo es Grenzen gibt. Auftreten und „Selbstdarstellung" sind nicht nur Ausdruck der Trainerpersönlichkeit, sondern gleichermaßen ein Mittel zur Gestaltung der Lernatmosphäre.

Machen wir einmal einen Selbstversuch: Stellen Sie sich ein Training an einem warmen Sommertag vor. Wie würde eine Trainerin auf Sie wirken, die mit langem offenem Haar und barfuß arbeitet? In meiner suggestopädischen Grundausbildung habe ich diese Situation erlebt und war – verblüfft. Meiner Meinung nach war das nicht rollenkonform, dann – in einem zweiten Schritt – hat mich dies Verhalten begeistert, denn es signalisierte mir: „Hier kannst du so sein, wie du bist; hier haben deine Bedürfnisse einen Platz; du darfst für dich sorgen, das ist o.k.!" Ganz nebenbei entstand dadurch bei mir eine Einstellungsänderung: Ich begriff: In diesem Kurs würde Lernen nicht gegen meine Bedürfnisse ablaufen, sondern ich konnte mich entspannen – und so war ich motiviert und offen für all das Neue, das da auf mich zukommen sollte.

In einem anderen Setting allerdings kann das gleiche Trainerverhalten vielleicht die Reputation der Trainerin schwer schädigen. Deshalb muss jede suggestopädische Intervention (verbal wie auch nonverbal) dem jeweiligen Setting, dem Thema und der jeweiligen Zielgruppe, angemessen sein. Das zu entscheiden, ist Teil der Trainerqualifikation, die sich – neben fachlicher Expertise und methodischer Sattelfestigkeit – aus Lebenserfahrung, Feldkompetenz, umfangreicher Erfahrung mit der Gestaltung von Lehr- und Lernprozessen und einem gefestigten Selbstbild speist.

Rollen- und Leitungsverständnis

Jede bewusste wie unbewusste Äußerung spiegelt das Selbstbild der Trainerin wieder. Suggestopädisch Lehrende machen vielsinnige Lernangebote, sie gestalten Lernräume und Lernsituationen, um viele Intelligenzbereiche und grundlegende menschliche Bedürfnisse anzusprechen, zum Beispiel die nach Kontakt und Rückzug, Neuem und Beständigem, Rhythmus und Wiederholung. Suggestopädische Trainerinnen haben ihr eigenes Lernen reflektiert und ein fundiertes Wissen über den Verlauf von Lernprozessen. All dies fließt ein in methodisch und medial vielfältige Lernsituationen, die sich als Angebote verstehen: Diese Angebote ermöglichen nicht nur das Lernen, sondern auch die Reflexion darüber, was Lernen ermöglichen oder erschweren kann. Dazu bedarf es eines Grundverständnisses, das sich nicht allein aus Fachkenntnis, sondern insbesondere auch aus Menschen- und Selbsterkenntnis wie auch Beratungskompetenz speist.

Menschen- und Selbstkenntnis des Trainers

Authentizität ist in diesem Zusammenhang ein weiterer wichtiger Schlüsselbegriff. Denn nur, was ich selbst er-lebt und durch-lebt habe, wovon ich ergriffen und leidenschaftlich begeistert bin, kann ich auch Lernenden gegenüber mit Leben füllen und er-lebbar machen.

Wie detaillierter in den jeweiligen Kapiteln dieses Buches dargestellt wird, bildet die sehr überlegte Strukturierung des Lernumfeldes etwa durch die Raumgestaltung und den gezielten Einsatz von Musik sowie die Rhythmisierung von Spannung und Entspannung einen organischen Rahmen für ertragreiche Lernprozesse in anregender Lernatmosphäre. Atmosphäre ist etwas schwer Greifbares. Sie bildet sich durch scheinbar nebensächliche periphere Stimuli wie Kaffeeduft, Geräuschkulisse, Licht und Raum, die bestenfalls durch die Wahl eines schönen Tagungsortes beeinflusst werden können. Kaffee, Tee und Kekse zum Beispiel wirken eher psychosozial entspannend, und die positive Wirkung von Wasser auf die Nervenleitungen ist seit langem bekannt. Doch auch unter scheinbar ungünstigen Bedingungen lässt sich durch mitgebrachte und mit Kolleginnen abgestimmte Arrangements eine ansprechende Lernatmosphäre schaffen – die Anordnung der Bestuhlung ist ein Beispiel unter vielen.

Ziel: stimmige Lernatmosphäre

Es lohnt sich, die Herausforderungen suggestopädischen Lernens und Lehrens anzunehmen, denn neben exzellenten Lernergebnissen wird auch die Trainerin selbst mit anregenden und begeisternden Lernsituationen beschenkt.

Kapitel 19: Die Kraft der Suggestionen

von Rainer Alexander Spallek

„Sie können sich vermutlich gar nicht vorstellen, wie sehr ich Sie um das beneide, was Sie gerade tun. Ich denke mir das so: Sie haben Feierabend, sitzen gemütlich in Ihrem Sessel und lesen ein bisschen. Na und? Das ist doch Alltag. Ist es auch – aber nur für Sie! Nicht für mich, denn ich bin Analphabet. Können Sie sich vorstellen, was es für Überwindung kostet, sich zu outen?!"

Beispiel „Analphabetismus"

Dieses Zitat eines Analphabeten aus Berlin lässt erahnen, wie viele negative und lernhemmende Suggestionen in einem Menschen arbeiten, der von Analphabetismus betroffen ist. Und wie viel Energie er aufbringen muss, Lernsituationen aus Angst vor Misserfolgen und sozialer Stigmatisierung zu vermeiden. Deshalb möchte ich Ihnen das Thema „Suggestion und Desuggestion", das ein wesentliches Element der Suggestopädie ist, am Beispiel der Arbeit mit erwachsenen Analphabeten erläutern. Wahrscheinlich werden Sie in Ihren Trainings nicht so häufig mit Analphabeten zu tun haben – aber am Beispiel der Alphabetisierungsarbeit lässt sich die Kraft der Suggestionen anschaulich darstellen.

Stellenwert der Suggestions- und Desuggestionsarbeit

Wie wichtig Suggestionen, also negative und positive Einflussfaktoren im Lernprozess, für die Suggestopädie sind, geht allein schon aus ihrem Namen hervor: Suggestion + Pädagogik = Suggestopädie. Die Arbeit mit und gegen Suggestionen ist in der Suggestopädie im wahrsten Sinne des Wortes allgegenwärtig und damit vielleicht wichtiger als alle anderen Lehr- und Lernfaktoren.

Unbewusst wirkende Faktoren

Unter Suggestionen verstehen wir Suggestopäden oft unbewusst wirkende Faktoren, die das Lernverhalten in hemmender (als Ängste, Blockaden) oder in förderlicher Weise (Motivation, Bestätigung) beeinflussen. Ein Mensch, der Angst davor hat, etwas Neues zu lernen, wird sich Lernprozessen verweigern und für das Lernen unzugänglich sein. Die Gründe, warum er eine solche Lernblockade aufbaut, sind unterschiedlich:

- Manche haben Angst, sich lächerlich zu machen.
- Andere fürchten, Unwissenheit zuzugeben.

- Andere glauben, sie hätten es nicht nötig, etwas zu lernen.
- Wieder andere wollen nicht bemitleidet werden.
- Viele halten sich für unbegabt oder sogar dumm.
- Einige halten sich für zu alt.
- Etlichen ist Lernen zu anstrengend und mühselig.
- Wieder andere schieben gerne – bewusst oder unbewusst – Verantwortung ab.

Was auch immer das Motiv sein mag, aufgrund dessen ein Mensch nicht lernen will: Er verschenkt (für sich selbst) eine neue Welt, die ein Suggestopäde ihm aufschließen helfen möchte. Oft, wie auch im Bereich des Analphabetismus, bedeuten diese Blockaden und Suggestionen unendliches Leiden über Jahre, oft auch über ein ganzes Leben hinweg. Zugleich machen sich diese Menschen unnötig klein, schmälern ihr Selbstwertgefühl und damit ihre Potenzial. Deshalb ist in der Suggestopädie das Arbeiten mit positiven bzw. das Arbeiten gegen negative Suggestionen (Desuggestion) so wichtig: Auf diese Weise kann sich dem Lernenden eine neue (Lern-)Welt erschließen.

Blockaden bedeuten Leiden

Suggestive Faktoren im Lernprozess

Verschiedene Faktoren im Lernprozess wirken suggestiv: der Trainer oder Dozent selbst, die Gestaltung des Raumes, die geografische Lage des Instituts, die Lernmaterialien und -methoden, die Lerngruppe und vor allem der Lernende selbst in seiner individuellen geistig-seelischen Verfasstheit. Jeder Lernprozess ist ein Tummelplatz er- und entmutigender Suggestionen: Sie müssen aufgespürt und lernförderlich umgestaltet werden.

Suggestionen lernförderlich umgestalten

Die Fähigkeit zu lesen und zu schreiben gilt in modernen Gesellschaften als grundlegende Kultur- bzw. Zivilisationstechnik. Analphabeten wissen um diese Zusammenhänge; sie kennen sie, weil sie sie zu spüren bekommen. So kann es nicht überraschen, dass sie alles unternehmen, um gefährlich erscheinenden Situationen auszuweichen. So benutzen viele Analphabeten ein Leben lang Praktiken des Vermeidens, des Delegierens und des Täuschens – mit allen negativen Folgen für ihr Selbstwertgefühl. Für diese Zielgruppe ist es daher besonders relevant, dass die Suggestopädie als eine ganzheitliche Lehr- und Lernmethode die Sphäre des Unbewussten ganz bewusst in ihr pädagogisches Konzept einbezieht.

Die oft deprimierenden „Lernerfolge" von Analphabeten wurzeln stark in negativen Einschätzungen der eigenen Möglichkeiten – deren Keime häufig von Autoritäten in der Kinder- und Jugendzeit arglos gesät wurden. Seine lernbiografischen Misserfolge hat er in „allzu guter" Erinne-

Negative Einschätzung der eigenen Möglichkeiten

rung: Kündigt sich eine orthografische Herausforderung an, drängen Negativsätze wie Ungeheuer aus dem Unbewussten nach oben und wirken dort als Saboteure gelingenden Lernens: „Ich bin zu blöd zum Schreiben!" und „Das schaffe ich nie!". Solche demotivierenden inneren Dialoge haben zudem einen destruktiven Überstrahlungseffekt: Während ein Lese- und Schreibkundiger Schwächen auf einem Gebiet mit Stärken auf anderen überstrahlen kann, funktioniert dieser Kompensationsmechanismus bei Analphabeten nicht. Ihre Lese- und Rechtschreibschwäche überstrahlt vorhandene Stärken und Fähigkeiten, überschattet das Leben in nahezu allen Bezügen – verbunden mit oft panischer Angst vor der „Entdeckung".

Für den Alphabetisierungsunterricht heißt das, dass er da an seine Grenzen stoßen kann, wo innere Verhärtungen und unbewusste Ängste unberücksichtigt bleiben. So liegt die Vermutung nahe, dass die Vernachlässigung dieses Problems mitentscheidend ist für Misserfolge im ausschließlich sachbezogenen Unterricht. Was also ist zu tun?

Die Suggestopädie will Lernende generell insofern unterstützen und fördern, als sie negative Glaubenssätze im Lernprozess zu berücksichtigen und zu überwinden versucht.

Positive Glaubenssätze und Affirmationen

Die negativen Glaubenssätze (Negationen) müssen aufgespürt, erkannt, beim Namen genannt, in positive Glaubenssätze (Affirmationen) umformuliert und schließlich im Bewusstsein sowie im Unbewussten verankert werden – wie soll man sich das vorstellen?

Wegbereiter gelingenden Lernens

Ein Umweg zum Ziel ist das Arbeiten mit Geschichten und Metaphern – sie provozieren zum Umdenken, stören auf und ermutigen zugleich, sind auf eine subtile, unaufdringliche und gerade deswegen wirksame Weise lehrreich – und sie bergen und bieten kreative Lösungsvorschläge. Zur Verdeutlichung gebe ich Ihnen ein Beispiel des Psychoanalytikers Otto Brink. Die Geschichte sollte vom Dozenten ruhig und betont vorgelesen werden:

*„Ein Freund musste wegen einer schweren Augenkrankheit mit der
Gefahr der Erblindung neun Monate lang im Bett liegen. Seine
Muskulatur wurde dünn und schwach. Nach der Entlassung aus dem
Krankenhaus sagte er zu seiner Frau: ‚Ich will wieder gehen und
laufen lernen, fahr mich bitte in den Wald.‘ Mühsam stieg er in das
Auto. Im Wald konnte er mit letzter Kraft aus dem Auto steigen,
einen einzigen Schritt gehen und wieder einsteigen. Er sagte: ‚Ich
gehe täglich einen Schritt mehr.‘
Wir lernten uns beim Joggen kennen und sind so manche Stunde
zusammen gelaufen. Er sagte: ‚Im nächsten Jahr mache ich den
Marathonlauf in Berlin mit.‘“*

Geschichten dieser Art wie auch das eigene Entwerfen problembezogener
Metaphern sind ein guter Anlass, die Teilnehmer von sich aus zu ermutigen, etwas von ihrem Leiden zu erzählen. Da sich jeder in den Erlebnis-
schilderungen der anderen wiedererkennt, entsteht eine Vertrauensbasis,
die bei dem Thema Auto-Suggestionen sehr wichtig ist. Der Dozent sollte
zunächst eine Liste mit negativen Lerneinstellungen vorgeben („Ich bin
ein schlechter Lerner – die anderen sind viel besser“). Gemeinsam wird
sie gelesen; die Teilnehmer entscheiden, welche Sätze sie besonders treffen, oder sie ergänzen und formulieren eigene Glaubenssätze.

Die Affirmationen

So apodiktisch alte und verfestigte Überzeugungen daherkommen, so
absolut muss auch das Gegengift sein und wirken. Der Analphabet kann
den Gegen-Satz selbst entwerfen – oder ihn mithilfe der anderen Teilnehmer formulieren. Der Dozent kann, wenn er es für sinnvoll hält, einige
Grundsätze zur Formulierung vorgeben, die dem „Charakter“ des Unbewussten Rechnung tragen:

- kurze, klare, einfache Sätze mit einfacher Wortwahl
- keine Killervokabeln, die kontraproduktiv wirken (eigentlich, unter
  Umständen, eventuell, vielleicht, möglicherweise)
- keine umständlich verpackten Verneinungen – sie nehmen den
  positiv gemeinten Sätzen Kraft und Energie

So können zum Beispiel die folgenden Affirmationen formuliert werden:

- Ich schreibe gut / richtig / gerne.
- Ich mache Fortschritte beim Schreiben.

- Das Schreiben geht mir leichter von der Hand.
- Was ich tue, gelingt mir auch / ist gut / ist richtig.
- Ich vertraue mir.
- Ich will und werde es schaffen.

Affirmations-kassette Eine weitere Methode besteht in dem Erstellen einer eigenen Affirmationskassette. Nachdem der Teilnehmer mehrere positive Glaubenssätze entwickelt hat, spricht er diese selbst auf Kassette. Auch dafür sollte ihm der Dozent einige Grundregeln mit auf den Weg geben:

- langsam und bestimmt sprechen
- gleichförmig, das heißt nicht dynamisch sprechen
- Zeit für Pausen lassen
- zum Satzende die Stimme senken

Eine gut ausgewählte Entspannungsmusik als Grundlage für den gesprochenen Text sorgt für ein tieferes Öffnen des Unbewussten, für ein tieferes Ankern und Haften der positiven Botschaften – und damit für einen Erfolg versprechenden Desuggestionsprozess.

Mittelbare Suggestions-arbeit Stellt sich heraus, dass sich die Teilnehmer gegen die Arbeit mit den eigenen „Schwächen" sperren, bleibt dem Dozenten vorerst nur die mittelbare Suggestionsarbeit: Ergänzend zur Arbeit mit Geschichten / Metaphern kann er durch die Analyse von Verhaltensweisen und Äußerungen vorhandenen negativen Glaubenssätzen auf die Spur kommen – bei entsprechender Sensibilität und Erfahrung. So kann er adäquate lernerfolgsorientierte Affirmationen formulieren und im Unterrichtsgeschehen einsetzen: Auf diese Weise erreichen die positiven Suggestionen den Teilnehmer unbewusst und stimulieren ihn in ermutigender Absicht.

Arbeit mit vorgegebenen Sätzen Um die Teilnehmer von Alphabetisierungskursen zu erreichen, sie zu motivieren und zugleich für die Wirkungskraft von Suggestionen zu sensibilisieren, ist die Arbeit mit vorgegebenen Sätzen (nach Heinz Klippert) sinnvoll: Auf einem Arbeitsblatt werden in der linken Spalte Störgedanken, also negativ wirkende Suggestionen aufgeführt. In der rechten Spalte sind die entsprechenden positiven Gegen-Sätze aufgeführt – jedoch als Lückentext. Dem Teilnehmer wird damit eine Worterkennungs- und Rechtschreibübung angeboten und zugleich auf mittelbare Art die Bedeutung von Suggestionen nahe gebracht:

Mir gelingt überhaupt nichts!	Ic _ ha _ _ sch _ _ v _ _ l g _ _ _ _afft! *(Ich habe schon viel geschafft)*
Ich mache bestimmt wieder Fehler!	A _ s Fe _ _ ern _ ann ma _ l _ _ _ en! *(Aus Fehlern kann man lernen)*
Ich weiß überhaupt nichts!	M _ r wi _ _ g _ _ z _ icher et _ _ _ einf _ _ _ en *(Mir wird ganz sicher etwas einfallen)*

Helfen Sie Ihren Teilnehmern, negative und lernhemmende Glaubenssätze gegen positive und lernfördernde Glaubenssätze „auszutauschen".

Kapitel 20: Seminarinhalte in Geschichten darstellen

von Ingrid Assmann

In Training und Unterricht sollen die Teilnehmerinnen und Teilnehmer nicht mit unüberwindlich erscheinenden Hürden konfrontiert werden. Dabei hilft die Suggestopädie – und sie ermöglicht es, neue Inhalte auf Anhieb besser zu verstehen. Suggestopäden benutzen dazu eine Vielzahl von Mitteln und Wegen, die es Lernern erleichtert, sich den Lehrstoff anzueignen. Einer von ihnen ist das Erzählen von Geschichten. Dabei gilt:

Geschichten erzählen

Wenn Wissensvermittlung an Emotionen gekoppelt ist, fällt das Lernen leicht.

Wer kann sich nicht an die eigene Kindheit erinnern, als wir uns in der Schulbibliothek Bücher anschauten, um auszuwählen, welches wir ausleihen wollten: Viele Bilder und Dialoge mussten enthalten sein, denn sie animierten und verführten dazu, ein neues Buch zu lesen. Doch viele Schulbücher wirken immer noch wenig ansprechend, und auch die Texte lassen häufig zu wünschen übrig. Sie haben oft nichts mit dem Leben der Leser zu tun, sind nicht altersgemäß und manchmal auch zu anspruchslos. Es müssen Vokabeln gelernt werden, die im Umgangssprachgebrauch so

Auch schwierige Inhalte in Geschichten verpacken

gut wie nie verwendet werden, zu vermittelnde Fakten werden zu sehr verwissenschaftlicht und berühren deshalb häufig die Lerner nicht. Dabei lässt sich doch jeder langatmige, langweilige oder schwierige Text in eine kurzweilige Geschichte umwandeln – und dies sollten Sie auch bei Ihrer Seminarplanung berücksichtigen.

Fantasie freien Lauf lassen

Wer nicht gern selbst schreibt, kann einen vorgegebenen Text nehmen und die Sätze durch Zwischenfragen bzw. Kommentare auflockern. Wir müssen uns dann lediglich handelnde Figuren einfallen lassen. Eine Möglichkeit ist, eine Kontrafigur einzusetzen, die Aussagen infrage stellt, anzweifelt, einfach nicht glaubt, nachhakt oder weitere Erklärungen verlangt. Eine andere Figur könnte ein Wesen von einem anderen Stern sein, das sich nirgends auskennt und deshalb ständig neugierig nachfragen muss. Oder ein Enkel lernt unendlich viel in Gesprächen mit dem Großvater, der aus seiner Jugend erzählt oder zusammen mit seinem Enkel die nähere oder weitere Umgebung erkundet. Oder zwei Freundinnen verreisen für ein Jahr in ein neues Land, treffen viele Leute und erfahren dort natürlich sehr viel Neues.

Sanfter Lernprozess

Wie auch immer „Ihre" Geschichten ausschauen: Erläutern Sie Aussagen (= neue Lerninhalte), beleuchten Sie sie ausführlicher, tun Sie alles, um Ihren Teilnehmern den Stoff auf anschauliche Weise verständlicher zu machen. Viele nachträgliche Erklärungen erübrigen sich dadurch, „Ich-verstehe-kein-Wort"-Hürden bauen sich erst gar nicht auf, der gesamte Lernprozess verläuft so sanfter, erfolgreicher, nachhaltiger und wesentlich befriedigender.

Geschichten in eine Rahmenhandlung gießen

Eine Möglichkeit, Lehrinhalte anschaulicher zu gestalten, sind Geschichten, die sich immer weiterentwickeln lassen. Dazu stellt man sich eine Erzählsituation vor, die zu dem jeweiligen Thema passt – hier ein Beispiel aus einem EDV-Training: *Ein Kobold tobt durch den Computer, drückt auf falsche Tasten, richtet ein Chaos an mit all den typischen Anfängerfehlern, die jeder üblicherweise so macht, und führt auf diese Weise den Lerner Schritt für Schritt durch ständiges, notwendiges Fehlerkorrigieren in die Geheimnisse sämtlicher Funktionen der Computerprogramme ein. Wiederholungen sind dadurch ganz natürlich eingebaut. Der vergnügte Kobold begleitet die Teilnehmer durch alle Semester bis zum Schluss.*

Rahmenhandlung überlegen

In den Geschichten sollten Sie eine sehr einfache, selbstverständliche, natürliche und doch anspruchsvolle Sprache verwenden. Die Teilnehmer sind durch einen lebhaft beschriebenen Nebenschauplatz auf eine Weise abgelenkt, die zulässt, dass auch komplizierte Zusammenhänge vom Unterbewussten aufgenommen und verstanden werden. Sie verfolgen den Ablauf des Geschehens interessiert und neugierig und freuen sich auf die Fortsetzung. Die Stimmung im Trainingsraum entwickelt sich positiv, weil alle gleichermaßen profitieren können.

Es ist eine immer wiederkehrende Freude, aus Lehreinheiten Erzählstunden zu machen, ungeteilte Aufmerksamkeit zu erhalten und eine wunderbare Atmosphäre zu gestalten. Es ist zudem eine großartige Vorbereitung für alle anschließenden Lernaktivitäten im Trainings- oder Unterrichtsraum.

Kapitel 21: Die Magie fiktiver Identitäten

von Kathleen Brandhofer-Bryan und Barbara Messer

Den Tag als die beste Freundin von Florence Nightingale zu beginnen, macht diesen Seminartag über ein langweiliges Seminarthema leicht für mich, meine Motivation ist groß, ich bin gleich im Thema, lasse meinen ganzen „Alltagskrempel" hinter mir und gehe anders auf die anderen Seminarteilnehmer zu, nämlich so wie meine Freundin Florence.

Szenenwechsel: Als Coach von Joschka Fischer bei einem Kommunikationstraining zu erscheinen, bringt eine andere Energie und Spielfreude und vor allem Inspiration in die Seminargespräche hinein. Und ich steige ganz anders in das Thema ein. Ich eigne mir „fremde" Attribute an, schmücke mich mit fremden Federn. Ich habe ein Vorbild, an dem ich mich orientieren kann. Ich kann aus dem Vollen schöpfen und „so tun, als ob".

In fremde Identität schlüpfen

Spielerischer Rollenwechsel, spielerisches Lernen

Die Beispiele zeigen: Ein Rollenwechsel macht uns das Lernen leicht. Wir schlüpfen in eine andere Identität, eine andere Haut, wechseln unsere Haltung. Vielleicht kennen Sie die Geschichte der deutschen Familie, die in die USA zog mit der Absicht, Englisch zu lernen. Die Eltern verbrachten einen Teil ihrer Zeit mit „schwer" erarbeiteten Grammatikübungen und intensivem Vokabellernen. In der Zwischenzeit spielte ihre Tochter mit den anderen Kindern im Park. Nach ihrem Aufenthalt in den USA sprach die Tochter fließend Englisch, die Eltern jedoch fühlten sich nach wie vor unsicher in der Sprache.

Geschützter Fantasieraum

Dahinter steckt die Erkenntnis, dass Kinder beim Spielen ihre Welt sehr intensiv durch alle ihre Sinne und durch die Annahme verschiedener Rollen erfahren. Ihre Fantasie verleiht ihnen Flügel, sie erschaffen sich ihre eigenen Welten, Rollen und Vorbilder. Sie greifen dabei auf Bekanntes zurück – denken wir an das Spiel „Vater, Mutter, Kind", das wir alle kennen.

Dr. Georgi Lozanov hat diesen Prozess durch die Magie der fiktiven Identitäten in den Klassenraum gebracht, ein wahres Kunstwerk. Die fiktiven Identitäten zeigen, dass wir dann am besten lernen, wenn wir entspannt sind.

In anderer Identität aufgehen

Durch das Spiel mit fiktiven Identitäten erreichen wir einen wunderbar leichten und entspannten Zustand. Damit ist die Bühne für ein magisches Erlebnis geöffnet, der Trainingsraum verwandelt sich, und überall treffen wir wundersame Gestalten. Da gibt es Musiker, Millionäre, Spielzeugmacher, Vagabunden – sie kommen (fiktiv) aus allen möglichen Ländern wie Spanien, Finnland, Kenia, Venezuela, Schottland, Australien. Sie treffen sich und laden sich ein, zu einer Cocktailparty, einer Schiffsreise, einem Ausflug oder was auch immer. Im Schutzraum der fiktiven Identität finden sich die Teilnehmerinnen und Teilnehmer lachend wieder, sind voller Interesse aneinander, am Neuen, am Thema und an der Sprache. Während sie im Spiel eine Cocktailparty genießen, vergessen sie „ganz nebenbei" all ihre Ängste vor dem neuen Seminarinhalt, dem neuen Thema – und können sich ganz und gar in ihrem Tun vertiefen.

Fantasie, Spielfreude, gewonnene Erfahrungen und nicht zuletzt die Freude über dieses einfache und wirksame Spiel machen das Lernen leicht und unvergesslich. Ganz wie die Kinder im Park, die in ihrem Rollenspiel aufgehen, Zeit und Ort dabei vergessen.

Identität kreativ mit Fachwissen verknüpfen

Wenn die fiktiven Identitäten über die Dauer des Kurses beibehalten werden, bietet sich für Sie eine gute Möglichkeit, die angenommene Identität kreativ mit Ihrem Fachwissen zu verbinden. Nicht nur im Fremdsprachenunterricht zeigt dieses suggestopädische Element seine Wirkung. Das wird an folgendem Beispiel deutlich: In einem Managementseminar treten die Teilnehmer als wichtige Unternehmerpersönlichkeiten auf.

Die Trainerin als Vorbild

Der wichtigste Schlüssel für den Wechsel in eine andere Identität ist die Haltung der Trainerin. Entscheidend ist, ob sie mit Fantasie, Glaubwürdigkeit und innerem Reichtum andere Rollen vorleben kann.

Die fiktive Identität schafft eine Umgebung, in der Fehler eine andere Wirkung haben als üblich, denn „ich bin es ja nicht, die einen Fehler macht, sondern jemand ganz anderes". So entsteht die Angst vor dem Versagen gar nicht erst oder verfliegt innerhalb von Momenten. Die Luft ist voll von Akzeptanz und Toleranz, ein warmherziges, verspieltes und doch zugleich fachliches Verständnis wird gepflanzt und gepflegt. Und so verlieren Gruppen, die vielleicht zu Anfang eines neuen Kurses noch unsicher oder verkrampft sind, schnell ihre Scheu, sie öffnen sich für das Miteinander, eine verbindende Lernstimmung entsteht. Das Gruppengefühl wird gestärkt, jeder Einzelne fühlt sich integriert, und dadurch entsteht Entspannung, in der der Lernstoff „aufgesogen" werden kann.

Rollenwechsel schafft Entspannung

Die Fantasieidentitäten haben mithin einen mehrdimensionalen Effekt: Die Lernenden nehmen Wissen leichter und angstfreier auf, und durch das Handeln in der fiktiven Identität wird der Seminarstoff mehrfach verankert und gesichert.

Die Trainerin oder der Trainer schafft mit dem Instrument der fiktiven Identitäten einen Raum für Spontaneität, Humor, Herzlichkeit und Kreativität, beide Gehirnhälften der Teilnehmer sind aktiviert. Zwischen ihnen tritt Gleichwertigkeit ein, das mögliche Gefälle zwischen ihnen verschwindet, gegenseitiges Vertrauen entsteht. Und das ist die magische Kraft der fiktiven Identität.

Magische Kraft

4

Mit kleinen Bausteinen Großes bewirken

Einleitung

von Claudia Grötzebach

Neben dem Kreislauf und den Wirkfaktoren formen auch andere Unterrichtselemente die typisch suggestopädische Arbeitsweise und ihre Wirkung. Es geht uns Suggestopäden darum, den Lernenden sowohl geistig als auch körperlich zu bewegen. Ohne geistige Flexibilität ist Lernen nicht möglich, denn dann sperren wir uns gegen Veränderungen und Erkenntnisse, die wir durch Lernen gewinnen und die unseren Alltag, unser Denken verändern.

Geistige Frische durch Methodenwechsel

Zudem ist Lernen ein anstrengender Prozess, der uns ermüdet. Ohne geistige Frische jedoch ist Lernen unmöglich. Deshalb brauchen wir Phasen, in denen wir Gelerntes verarbeiten und für die Zukunft einlagern. Suggestopäden versuchen durch beständigen, geplanten Methodenwechsel den Lernenden geistig frisch zu halten. Sie nutzen aber auch die natürlichen Prozesse, denen der Mensch unterliegt, und bauen bewusst Entspannungen ein, um das „innere" Arbeiten, das beim Schlaf, im Dämmerzustand oder beim Tagträumen abläuft, zu fördern und zu nutzen. Die Methoden dazu sind:

- spielerisches Arbeiten,
- konzentrieren und entspannen,
- geistig und körperlich / innerlich und äußerlich arbeiten und
- allein und in Gruppen arbeiten.

Kleine Interventionen – große Wirkung

In diesem Kapitel erleben Sie wichtige methodische Elemente, die Sie in jeder Lehrsequenz anwenden können, auch ohne Suggestopäde zu sein oder suggestopädisch zu arbeiten. Trotzdem werden Sie spüren, wie Ihr Training, Ihre Teilnehmer und Sie selbst von diesen Methoden profitieren. Viele dieser Gestaltungselemente kennen Sie schon, wenden Sie vermutlich schon an und genau darin liegt die Stärke dieser Bausteine der Suggestopädie: Sie brauchen Ihre Arbeitsweise (noch) nicht komplett zu verändern, sondern arbeiten auf Ihrer Basis nur bewusster und geplanter und finden Anregungen für kleine Interventionen mit großer Wirkung. Ihnen bei den Vorschlägen und Anregungen der Kollegen viel Freude und Erfolg!

Kapitel 22: Das Spiel im Training

von Erich Ziegler

Warum sollten Sie in Ihren Seminaren, Workshops und Trainings Spiele einsetzen? Aus meiner Erfahrung in der Erwachsenenbildung möchte ich betonen: Spiele helfen mir ganz wesentlich dabei, Grundsätze und Einsichten, die ich für meine Trainings entwickelt habe, zu transportieren. Im Wesentlichen sind dies die folgenden fünf Einsichten:

Spielende Erwachsene

Der Mensch ist ein soziales Wesen
Der Mensch ist von Natur aus ein soziales Wesen, seiner evolutionären Entwicklung nach ein Rudel-„Tier", also weder Einzelgänger noch Herdentier.

Ein wesentlicher Bestandteil unserer Umwelt sind andere Menschen. Wir sind ihnen verbunden, nicht zuletzt, weil wir ihnen ähnlich sind wie ein Blatt dem anderen. Blätter sind unverkennbar in ihrer Struktur, und es ist klar, dass alle vom selben Baum stammen. Unterschiede werden erst bei genauerer Betrachtung deutlich. Und: Jedes Blatt ist ein eigenes, eigenständiges Blatt, also individuell. Wir Menschen sind in dieser Hinsicht genauso.

Soziale Wesen spielen gern

Unser Bedürfnis nach Sicherheit und Geborgenheit wird auch durch unsere Gemeinsamkeiten befriedigt, und unser Bedürfnis nach Neuem kann gefüttert werden durch die Unterschiede, wenn wir einander keine Bedrohung sind. Dann fühlen wir uns wohl. Deshalb sind meine Trainings unabhängig vom Thema immer auch eine Teamentwicklung, wobei Menschen einander ein Stück Vertrauen entgegenbringen, einander besser verstehen lernen und aufeinander zugehen – und sei es auch nur für die Dauer dieses Trainings.

Neue Welt betreten Spielen versetzt die Teilnehmer aus ihrer Welt mit den Regeln ihres Alltages in eine andere Welt mit neuen Regeln. Dadurch entsteht Raum für eine Neubeurteilung der Teilnehmer untereinander. Der Blick, das Bewusstsein für die anderen Teilnehmer wird erweitert, und das Vorurteil, das wir alle innerhalb von Sekunden und Minuten größtenteils unbewusst über jeden fällen, dem wir begegnen, kann ergänzt und eventuell revidiert werden. Dafür verwende ich ein Spiel, mit dem ich nahezu jedes Training beginne: „Gleich und Gleich …"

„Gleich und Gleich ..."

Die TN gehen durch den Raum und sortieren sich auf Kommando nach Kriterien, die ich vorgebe: Augenfarbe, Raucher – Nichtraucher, Eule – Lärche (Frühaufsteher vs. Langschläfer), Arbeits-, Wohnort, Arbeit. Sternzeichen, Elemente: Luft – Wassermann, Zwilling, Waage; Feuer – Widder, Löwe, Schütze; Erde – Stier, Jungfrau, Steinbock; Wasser – Fische, Krebs, Skorpion. Geeignet ist auch eine Unterscheidung nach Lerntypen: Wie-, Was- und Warum-Lerner, oder nach der Frage, welche Art von Training gewünscht wird: Schule, Robinson-Club, Abenteuerspielplatz, Arena (für Selbsterfahrung).

Nutzen des Spiels Bei diesem Spiel nutze ich die Gelegenheit, einige ungeschriebene Regeln zu erläutern. Bei der Augenfarbe zum Beispiel, dass Individualität in meinen Trainings groß geschrieben wird, oder bei der Unterscheidung Raucher – Nichtraucher, dass in allem Verhalten auch Vorteile stecken und diesen Vorteilen mein Hauptaugenmerk gilt. Die Teilnehmer erfahren so, wonach sie sich richten können und dass allem Ungewohnten, das ihnen in meinen Trainings begegnet, ein positives Menschenbild zugrunde liegt. Diese Erfahrung schafft Sicherheit, und so entsteht Vertrauen.

Der Perspektivwechsel ist wichtig

Perspektivwechsel ist eine wesentlich effizientere Methode als das Einüben von Verhaltensänderungen und daher Letzterem vorzuziehen.

Veränderte Sicht der Dinge Ich habe die Erfahrung gemacht, dass mein Verhalten sehr stark davon abhängt, wie ich die Dinge sehe. Eine veränderte Sicht der Dinge zieht automatisch eine Verhaltensänderung nach sich. Wenn ich meine Perspektive erweitere, erhalte ich auch mehr Verhaltensoptionen. Wenn Ihnen klar wird, dass lautes Brüllen zwar Ihre augenblickliche Gefühlslage widerspiegelt, aber vielleicht nicht die optimale Methode ist, jemandem gegenüber Rücksichtnahme walten zu lassen, dann denken Sie sich in Zukunft vielleicht eine andere Methode aus, Ihre Gefühle zu artikulieren, oder Sie verfolgen beide Ziele – Gefühlsausdruck und Erziehungsabsicht – mit getrenntem Verhalten. Deshalb konzentriere ich mich in meinen Trainings auf die Erweiterung der Perspektive und des Bewusstseins meiner Teilnehmer. Dafür setze ich das „Australische Schwebholz" ein.

„Das australische Schwebholz"

Je acht bis zwölf Teilnehmer stehen sich in zwei Reihen gegenüber und bilden so eine Gasse. Auf ihre ausgestreckten Zeigefinger lege ich eine zwei Meter lange, leichte Holzstange (oder einen Zollstock oder zwei eng gerollte, ineinander gesteckte Flipchartbogen), die sie auf den Boden senken sollen. Kein Teilnehmer darf mit den Fingern den Kontakt zum Holz verlieren.

Das Verblüffende an diesem Spiel ist, dass die Stange zunächst in die Höhe wandert, und zwar durch das Bestreben der Teilnehmer, den Kontakt zu halten. Erst die Einsicht, dass Konzentration und das Sich-aufeinander-Einstellen als Voraussetzung für die gemeinsame, synchronisierte Aktion einkehren muss, hilft der Gruppe, die Aufgabe zu meistern.

Sich aufeinander einstellen

Geistige Aktivitäten müssen belohnt werden

Der Mensch hat ein über Hormone realisiertes biologisches Belohnungssystem auch für geistige Aktivitäten. Wenn uns etwas gelingt, wenn wir das Gefühl haben, etwas geleistet oder eine neue Einsicht gewonnen zu haben, dann stellt sich in uns ein Wohlgefühl ein. Dieses Wohlgefühl wird von einem Hormoncocktail ausgelöst und steigert unser Einverstandensein mit uns selbst. Wir haben ein „Ja" für uns, was unser „Ja" für die anderen erleichtert. Deshalb ist es mir wichtig, in den Trainings für eine gute, heitere und konstruktive Atmosphäre zu sorgen. Ein Spiel, bei dem ich den Leistungseffekt mit der Einsicht kombiniere, ist die „Flussüberquerung".

Heiteres Seminarklima im Spiel schaffen

„Die Flussüberquerung"

Die Ufer eines Flusses werden durch Leinen markiert. Jeder Teilnehmer bedeutet, dass der Fluss ein Schritt breit ist, bei acht Teilnehmern
sind es also acht Schritte Breite. Jeder Teilnehmer erhält eine etwa
DIN-A4 große Pappe. Der Fluss darf nicht berührt werden, der Fluss
kann also nur auf den Pappkartons gehend überquert werden. Tritt
oder fällt ein Teilnehmer auf/in den Fluss, so beginnt die **gesamte**
Gruppe von vorn. Die Pappen müssen stets Körperkontakt haben (Fuß,
Hand, Finger etc.) – sonst müssen sie abgegeben werden. Diese verlo-
renen Pappen bleiben auch für spätere Versuche aus dem Spiel. Nach
dem Spiel werden die Erfolgsfaktoren ermittelt: „Welches Verhalten
hat zum Erfolg geführt?", und auf einem Flipchart gesammelt.

Coachingfragen stellen

Um den Erfolg der Gruppe zu garantieren, greife ich je nach Frustrati-
onstoleranz mehr oder weniger stark mit Coachingfragen („Was funktioniert?", „Worauf kommt es an?", „Was lässt sich aus den Fehlern lernen?")
ins Geschehen ein. Die Teilnehmer sind meistens ziemlich begeistert
von der Bewältigung der ungewohnten Aufgabe. Und bei Rückfragen
am Ende des Trainingstages werden oft Einsichten aus diesem Spiel als
Highlight genannt.

Kreativität ist für die Selbstverwirklichung des Menschen unabdingbar

Spiel und Kreativität

Jeder Mensch birgt in sich ein wahres geistiges Universum. Vieles davon
ist jedoch nur Potenzial, das noch aktiviert werden muss. Kreativität ist
sozusagen die Geburtshelferin für dieses Potenzial. Sie macht aus dem
Potenzial das Mögliche und dient so der Vorbereitung dafür, das Mögliche in die Tat umzusetzen. Deshalb muss mein Training mit Methoden
angefüllt sein, die dazu beitragen, Denkbarrieren wie Gewohnheiten,
Vorurteile und Ängste abzubauen. Hier eignen sich Nonsens-Spiele hervorragend, insbesondere das „Blinde Einkriegen".

„Das blinde Einkriegen"

Die Gruppe teilt sich in Paare. Ein Teilnehmer steht hinter dem anderen, die Hände auf den Schultern oder besser an den Hüften, und lenkt.

Der Vordermann oder die Vorderfrau läuft mit geschlossenen Augen und ausgestreckten Armen auf dem abgegrenzten Spielfeld umher. Ein Zweierteam fängt, alle anderen Teams versuchen zu entkommen. Wird ein Team vom blinden Fänger berührt, wird dieses zum neuen Fängerpaar usw.

Dieses Spiel ist in nahezu jeder Gruppe einsetzbar, obwohl es recht wild zugehen kann. Das innere Kind wird losgelassen, Gewohnheiten und Ängste außer Kraft gesetzt; eine wunderbare Voraussetzung für nachfolgende kreative Prozesse, bei denen neue Wege für alte Probleme gefunden werden können.

Das innere Kind loslassen

Körper und Geist bilden eine unauflösbare Einheit

Ich beobachte eine Tendenz des Menschen, sein Leben zunehmend auf der geistigen Ebene zu verbringen. Viele der Erfindungen, die wir ganz selbstverständlich benutzen, von der elektrischen Zahnbürste bis zum ICE, der mit 300 km/h durch die Gegend rast, sind dazu gemacht worden, um seinen Nutzern Zeit zu sparen. Wozu? Damit mehr Leben in unsere 24 Stunden passt. Damit wir mehr erleben können. Dieses Erleben bezieht sich aber nicht nur auf unser Gesamtsystem, also Körper und Geist, sondern zunehmend auf unseren bewussten Geist. Mit Büchern, Fernsehen, Kino, aber auch mit Telefon, Computer, Internet findet das Erleben weitgehend ohne Körper statt.

Diese Entwicklung ist meines Erachtens für Menschen universal und nicht aufzuhalten. Ich habe gegen diese Entwicklung nichts einzuwenden, denn auf geistiger Ebene ist für uns Menschen viel mehr Erleben und Erfahrung möglich, ohne dass eine Gefahr für Leib und Leben besteht.

Aber wir haben einen Körper, und der mischt bei unserem geistigen Erleben kräftig mit. Unser Geist spiegelt die körperlichen Reaktionen als Gefühle wider. Und ohne Gefühle wäre das geistige Universum, das sich in uns unübersehbar ausbreitet, blass und farblos. Unser Gefühl für Echtheit und Wirklichkeit ist eben genau das: ein Gefühl. Für meine Arbeit bedeutet das, dass wir in einer Übergangszeit leben, in der der Körper seinen angemessenen Platz in unserer zunehmend geistigen Alltagswelt braucht. Deshalb muss mein Training spürbar, erlebbar sein, wenn ich der ganzen Natur meiner Teilnehmer Rechnung tragen will. Ein Spiel, mit dem ich Körper und Geist zusammenbringe, ist das „Fingerfangen".

Geist spiegelt körperliche Reaktionen wider

„Das Fingerfangen"

Die Teilnehmer stehen im Kreis, die linke Handfläche nach oben ge-
kehrt. Der rechte Zeigefinger berührt von oben mit der Spitze die offene Hand des rechten Nachbarn. Auf Kommando „Bei drei: Eins …,
zwei …, drei!" versuchen alle den Zeigefinger des linken Nachbarn zu
fangen und gleichzeitig mit dem eigenen Zeigefinger zu entkommen.
Nach zwei, drei Versuchen wechseln sie die Hände, die Rechte ist dann
also flach, der linke Zeigefinger kommt zu seinem Einsatz.

Für Auflockerung sorgen

Es ist ein Spiel, das ich gerade dann einsetze, wenn es sehr formell und
distanziert, ja sogar feindselig zugeht. Der Einsatz dieses Spiels hat im
Grunde nur da Grenzen, wo ich mich selbst nicht traue, wo ich mit meiner eigenen Angst zu tun habe. Wenn die Teilnehmer Spiele unangemes-
sen finden, dann mache ich aus dem Spiel „Fingerfangen" eine Übung
zur Integration der beiden Gehirnhälften, was es – nebenbei gesagt – ja
auch ist. Dabei erläutere ich in wenigen Sätzen, wie das Hirn aufgebaut
ist (links logisch, rational etc., rechts bildhaft, assoziativ etc.), damit der
Verstand der Teilnehmer eine Erklärung hat und damit einen Sinn findet
und die Teilnahme an der Aktivität akzeptiert.

Die Lacher setzen ein, gerade wenn das Spiel nicht klappt. Das ist für
mich der zentrale und beabsichtigte Effekt. Die Teilnehmer blamieren
sich, lachen darüber, brauchen nicht mehr so sehr Haltung zu bewahren
und können sich in der Folge im Training entspannter benehmen. „Ist der
Ruf erst ruiniert, dann lebt es sich ganz ungeniert", weiß das Sprichwort.
Das heißt: Das Vertrauen der einzelnen Teilnehmer in die Gruppe steigt.
Hinzu kommt die heilsame Wirkung des Lachens.

**Setzen Sie also – wo immer möglich – im Training
Spiele und spielerische Elemente ein.**

Kapitel 23: Die Entwicklung von Lernspielen

von Marie Whisell van Deventer

Ob jung oder alt, Kind oder leitender Angestellter eines Großunterneh-mens – jeder spielt im Innersten seines Herzens gerne. Auch wenn im ersten Augenblick die Teilnehmer sich vielleicht nicht ernst genommen fühlen: Wenn der Spieltrieb erst wieder in uns geweckt wird, bewegen wir uns schnell auf der Alpha-Ebene und vergessen, dass wir lernen.

Keine Angst vorm Spielen

Ich erkläre meinen Teilnehmern in diesem Zusammenhang auch immer: „Wir werden viele verrückte Dinge machen, aber keiner *muss* bei irgend-etwas mitmachen, also meldet euch, wenn euch ein Vorhaben zu sehr befremdet."

Kreative Spielideen im Alltag entwickeln

Die Spielentwicklung selber ist etwas, das mit der Zeit in uns wächst. Wie bei allen Dingen sitzen wir zu Beginn vor einer neuen Aufgabe und kön-nen uns nicht vorstellen, wie das Endresultat aussehen soll. Wir müssen den ersten Schritt machen, dann kommen die nächsten Schritte von ganz alleine. Als ich in meinem Unterricht begann, Spiele einzusetzen, nutzte ich anfangs erst die Spiele anderer. Dann fing ich an, die existierenden Spiele zu verändern und den verschiedenen Lernzielen anzupassen. Aber nach einer Weile sehen Sie potenzielle Lernspiele, wo Sie gehen und stehen. Eine Waschmaschine ist dann nicht nur eine Waschmaschine, sondern die Basis für eine neue Spielidee. Nun fragen Sie natürlich, wie das funktioniert.

Alltags-situationen nutzen

Wenn Sie ein Training oder neuen Stoff vermitteln wollen, überlegen Sie sich wahrscheinlich zunächst, wie Sie das am günstigsten tun können. In meinem Sprachenunterricht zum Beispiel will ich den Teilnehmern Voka-beln zum Thema „Kleidungsstücke" vermitteln. Mit diesem Gedanken im Hinterkopf gehe ich anderen Arbeiten nach und sehe beim Waschen der Wäsche die Waschmaschine – und schon bin ich inspiriert zu einer neu-en Spielidee: Auf einem Karton male ich eine Waschmaschine auf. Die Kleidungsstücke simuliere ich durch Karten mit aufgemalten Kleidungs-stücken, etwa aus einem Memory-Spiel. Jetzt kann ich die Karten mit den schmutzigen Kleidungsstücken in die Waschmaschine hineinwerfen: „The dirty socks go in the washing machine, and the clean socks go on the washing line."

Waschmaschine als Spielidee

Spielerisch lernen Haben Sie erst einmal damit angefangen, Spiele zu kreieren, können Sie sogar die Wartezeit an einer Ampel nutzen, um neue Spiele zu entwerfen. Wer Kinder hat oder gerne mit Brettspielen spielt, hat es noch einfacher. Wer Spiele im Haus hat und diese auch nutzt, ist schnell während eines Spieles inspiriert, dieses Spiel in ein Lernspiel umzuwandeln. Das Spiel „Zicke Zacke Hühnerkacke" kann in allen Sprachen gespielt werden. Beim Spielen in Englisch mit einem „Beginner" fiel mir ein, dass man die Karten mit den Federn, Eiern etc. ja auch mit anderen Gegenständen überkleben oder nachbasteln könnte, um das Spiel zum Lernen von ganz anderen Gegenständen zu nutzen.

Also fangen wir einfach mal mit ein paar konkreten und universal einsetzbaren Spielideen an. Der Rest kommt dann von ganz allein!

Ein paar Spielideen

Memory Bild – Bild, Wort – Bild oder Wort – Beschreibung: Memory-Spiele könnten Sie basteln und einsetzen, um Gelerntes zu festigen.

Rollenspiele Entwerfen Sie Rollenspielkarten mit passenden Elementen der Verkleidung Sie möchten vielleicht ein Einstellungsgespräch zwischen einer weiblichen Geschäftsführerin und einem männlichen Bewerber üben. Ihre Gruppe besteht aber einzig aus Männern. Hier wirkt eine Perücke Wunder. Jeder kann besser in seine/ihre Rolle schlüpfen und fühlt sich freier im Schauspiel. Bei Managementtrainings wirken Accessoires ähnlich nützlich.

Die Teilnehmer werden zu den Menschen, über die sie etwas lernen, und können sich vielleicht besser in deren Lage versetzen, ohne sich dabei zu schämen oder beklemmt zu fühlen, denn sie sind ja nicht „sie selbst", sondern sie sind – auch nach außen hin offensichtlich – eine andere Person. Dabei befreit man sich auch leichter von der Angst, möglicherweise Fehler zu machen. Rollenspiele, speziell mit Verkleidungen, helfen einen Weg zu finden, seine Fehler nicht mehr so ernst zu nehmen. Ich habe zu diesem Thema auch ein Poster im Unterrichtszimmer aufgehängt, auf dem steht: „Hurra, ich habe einen Fehler gemacht! Ich habe wieder etwas Neues dazu gelernt!"

Montagsmaler Vokabeln, Ereignisse oder Fakten können geübt werden, indem die Teilnehmer in zwei Gruppen geteilt werden. Jede Gruppe bekommt eine Aufgabe von der anderen Gruppe gestellt. Ein Teilnehmer darf den Begriff malen, und sein/ihr Team darf raten, welcher Begriff gemeint ist. Für jeden erratenen Begriff gibt es Punkte. Die Teams sind abwechselnd an der Reihe. Mit einer Eieruhr können Sie ein Zeitlimit setzen.

Knetmasse

Zum Erraten von Begriffen sucht sich jeder Teilnehmer einen Begriff aus und versucht, diesen Begriff zu kneten. Wer den Begriff errät, bekommt einen Punkt. Dies können Sie in kleineren Gruppen am Tisch oder auf dem Boden spielen.

Taboo

Dasselbe Prinzip wie oben, nur wird das Wort erklärt. Man könnte auch eigene Tabookarten basteln. Die Hauptbegriffe werden auf kleine Karten geschrieben und an verschiedene Gruppen ausgehändigt. Jede Gruppe entscheidet, welche Taboowörter – also Wörter, die in der Umschreibung des Hauptbegriffes nicht benutzt werden dürfen – auf die Karte geschrieben werden. Dann können Sie die Karten einsammeln. Mit einer Sanduhr zum Stoppen der Ratezeit und zum Beispiel einer Quietschente, mit der Sie signalisieren, wann ein Taboowort gebraucht wurde, kann es dann losgehen – am besten in zwei Gruppen pro Spielset. Der Teilnehmer der Gruppe A muss umschreiben, dazu setzt er sich zu den Teilnehmern der Gruppe B. Gruppe B hat die Sanduhr und die Quietschente und passt auf, dass keine Taboowörter zur Umschreibung benutzt werden, und hält ein Auge auf die Zeit. Der Teilnehmer der Gruppe A kann so viele Wörter erklären, wie die Zeit erlaubt. Team A darf raten. Die Karten der erratenen Begriffe werden gesammelt, die anderen beiseite gelegt. Wenn die Zeit abgelaufen ist, darf die andere Gruppe raten und schickt einen Teilnehmer zur Gruppe A, die dann für die Sanduhr und die Quietschente zuständig ist.

Pantomime

Dasselbe Prinzip wie bei den Spielen oben, nur werden die Begriffe nonverbal mit Körpereinsatz dargestellt.

Auch das Mischen dieser Spiele ist eine schöne Abwechslung, wobei die Teilnehmer zusätzlich zu der Karte mit dem Begriff auch noch eine Karte ziehen, auf der steht, wie der Begriff darzustellen ist.

Schwarzer Peter

Gespielt wird mit Karten mit Begriffen oder Daten und den dazu passenden Beschreibungen, Antworten oder Formeln. Die Aufgabe besteht darin, Paare zu sammeln – wie in dem Originalspiel. Eine der Karten ist natürlich der Schwarze Peter. Alle Karten werden ausgeteilt. Jeder Teilnehmer zieht eine Karte des Nachbarn und versucht, Paare zu sammeln. Passende Paare werden auf die Seite gelegt, der Trainer kann schauen,

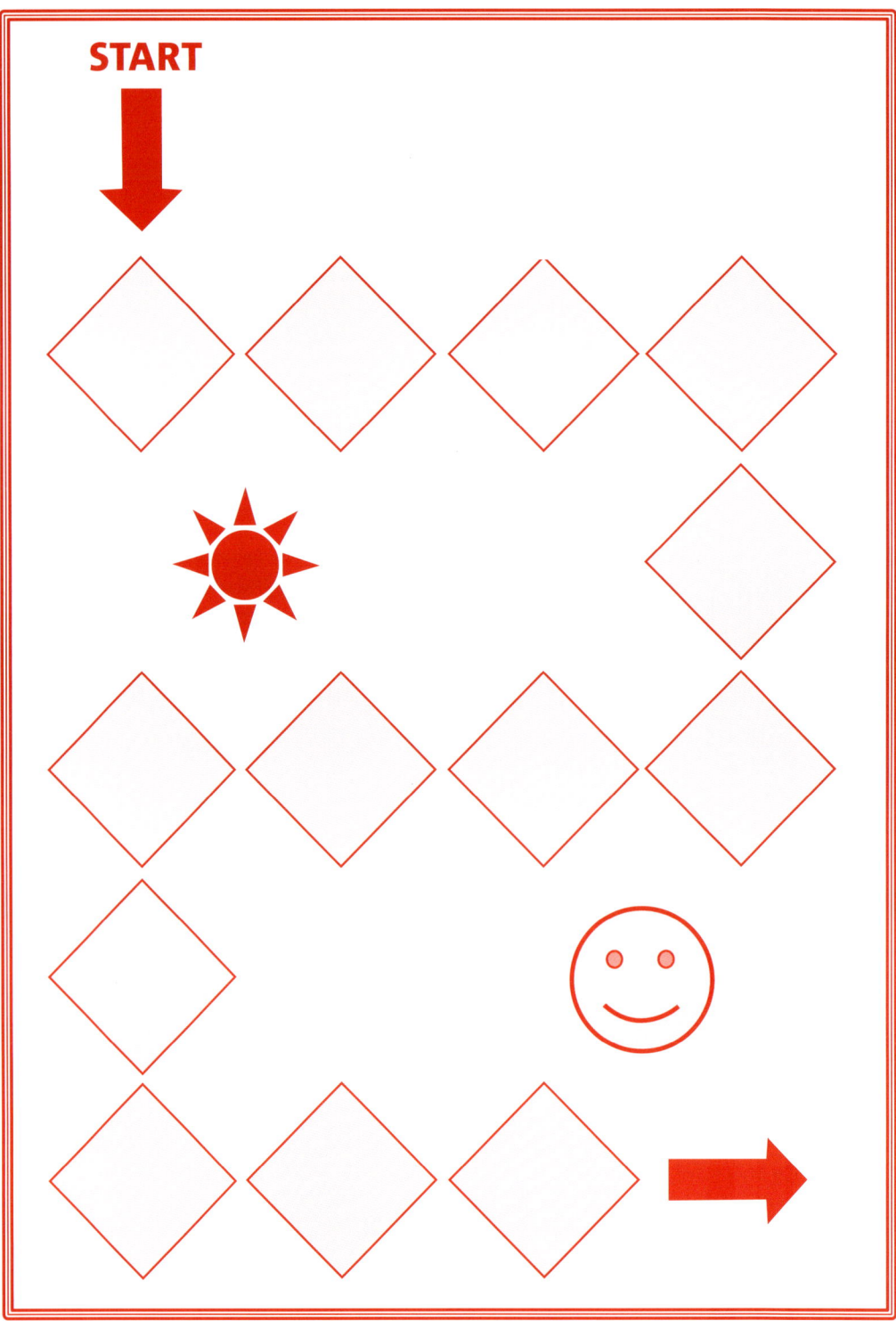

ob das Paar wirklich zusammenpasst oder nicht. Diese Aufgabe könnte auch ein Teilnehmer übernehmen oder die ganze Gruppe. Wer zum Schluss den Schwarzen Peter in der Hand hält, hat verloren.

Basteln Sie doch einfach mal ein Lern-Puzzle mit den Teilnehmern.   **Puzzle**

Kreuzworträtsel können Sie selber gestalten. Fangen Sie mit einem einfachen Kreuzworträtsel an; mit ein wenig Übung wird es Ihnen immer leichter fallen.   **Kreuzworträtsel**

Fragen oder Aufgaben können auf Karten geschrieben werden. Die Teilnehmer können auch Ihre eigenen Fragen oder Aufgaben auf Karten schreiben, oder Sie nutzen ein altes Monopoly oder andere Brettspiele als Lernspielvorlage. Auf der Seite 118 finden Sie die Grundlage für ein selbst gemachtes Brettspiel. Kopieren Sie das Brettspiel, und dann brauchen Sie nur noch Würfel und Spielfiguren, zum Beispiel Mensch-ärger-dich-nicht-Figuren. Bilden Sie in Ihrem Training zwei oder mehrere Gruppen. Jede Gruppe darf dann zehn Fragen auf ein Blatt Papier schreiben und die Zahlen von 1 bis 10 auf dem Spielbrett in den Kästchen verteilen. Die leeren Kästchen können dann beliebig beschrieben werden: „Noch mal würfeln" oder „Einmal aussetzen" oder „Sing ein Lied".   **Brettspiele**

Hoffentlich sind Sie jetzt ein wenig inspiriert, um Ihre eigene Spiele-Bank zu kreieren oder zu erweitern. Viel Vergnügen beim Entwickeln und Spielen.

Kapitel 24: Die Gestaltung suggestopädischer Texte

von Christian Albert

„Grau ist alle Theorie und grün des Lebens goldner Baum." Ich möchte Ihnen anhand eines Dialogs zeigen, wie ein Lerninhalt suggestopädisch in Textform präsentiert werden kann.

Tiefe Finsternis liegt über der Wohnung. Kein Laut ist zu hören.
Nur ganz hinten, am Ende des Korridors,
fällt durch den Spalt einer bloß angelehnten Türe
ein Streifen warmen Lichts in das Dunkel der Nacht,
und dort lässt sich nun auch, sobald man etwas näher herankommt,
ein Geräusch vernehmen: dieses typische Klappern,
wenn Finger schnell über die Tastatur eines Computers fliegen.
In den Kegeln zweier Schreibtischlampen sitzt *Albertus Magister*,
wie ihn seine Schüler gerne nennen,
zwischen Stapeln von Büchern, Ordnern und Heften
und zwischen unzähligen fliegenden Blättern –
kreuz und quer auf dem Fußboden verteilt.
Er ist in seine Arbeit versunken, tippt und blättert, schreibt und liest,
wirbelt Staub auf, wenn er alte Nachschlagewerke aus den Regalen zieht,
sucht, ja wühlt in all den raschelnden Zetteln,
kritzelt mit einem stumpfen, schon ganz zerkauten Bleistift
Notizen auf abgerissene, zerknitterte Papierfetzen.
Doch was war das? Plötzlich schreckt der Lateinlehrer hoch.
Da hat doch jemand gelacht! In unmittelbarer Nähe, laut und frech!
Und tatsächlich: Die Küche auf der anderen Seite des Ganges ist hell erleuchtet –
und zwischen den verkrusteten Herdplatten und dem glänzenden Spülbecken
sitzt ein etwa zehnjähriger Junge mit Sandalen an den nackten Füßen,
deren lange Lederbänder um seine baumelnden Beine geschnürt sind.
Bekleidet ist er mit einem seltsam weiten, weißen Gewand,
wodurch seine wilden roten Locken noch feuriger wirken.
Über sein sommersprossiges Gesicht zieht sich ein breites Grinsen.
In der linken Hand hält er eine Postkarte,
in der rechten das knisternde Silberpapier einer aufgerissenen Schokoladentafel.

Dialog: Albertus und Felix

Albertus: Ach, du bist's, Felix! Wie kommst du denn hierher, zumal so spät?
Wie ich sehe, hast du mein geheimes Süßigkeitennotdepot geknackt.
Aber dass du jetzt auch noch deine Nase in meine private Post steckst!
Felix (liest die Karte vor): *„Salve Alberte magistre!*
Volumus ad tibi annum pulchrum gratias agere.
Fabulae nobis omnes semper placiunt.“
Jetzt sag bloß nicht, das soll Latein sein!
Da stecken ja ganz schön viele Fehler drin!

Albertus: Macht überhaupt nichts, Herr Oberlehrer!
Diesen Gruß hat mir meine 5. Klasse zum Schuljahresende überreicht,
zusammen mit einem leckeren, bunt dekorierten Kuchen.
Auch wenn die Grammatik nicht immer passen mag,
so lässt sich trotzdem verstehen, was man mir sagen möchte.
Felix: Ja, das stimmt! Die Kleinen bedanken sich für ein schönes Jahr,
vor allem für die *fabulae*, die Geschichten, die ihnen gefallen haben.
Sag, sind das die, die du über mich erfunden hast?
Albertus: Ja, damit sind die 45 suggestopädischen Lernkonzerte gemeint,
die ich im zurückliegenden Schuljahr geschrieben und vorgetragen habe.
Felix: Die was?

Suggestopädisches Lernkonzert

Albertus: Die suggestopädischen Lernkonzerte.
Weißt du, Felix, die Texte mit den vielen, vielen Abenteuern,
die ich dich zusammen mit Marcus und Claudia,
deinen beiden neuen römischen Freunden,
in der Antike erleben ließ, waren ja nicht x-beliebige Geschichten.
Sie hatten immer einen ganz bestimmten Aufbau, eine äußere Struktur
und folgten auch inhaltlich einer Reihe von Kriterien –
eben denen, die ein suggestopädisches Lernkonzert erfüllen muss.

Rahmenhandlung

Albertus Magister hat inzwischen seine schon etwas verbeulte,
aber in seinem Lehrerdasein lebenswichtige italienische Espressomaschine
unter einem lauten Quietschen aufgeschraubt
und füllt sie gerade mit kaltem Leitungswasser.
Felix weiß gar nicht, zu welcher Seite er rücken soll:
Auf der einen läuft er Gefahr, eine unfreiwillige Dusche zu nehmen,
auf der anderen beginnt die eingeschaltete Herdplatte heiß zu werden.

Geschichte als Rahmenhandlung

Felix: Ich bin zwar die Hauptfigur in deinen sugg... suggs... suggso...,
na, in diesen komischen Lernkonzerten eben,
aber dass sich dahinter was Besonderes verbirgt,
ist mir, ehrlich gesagt, gar nicht aufgefallen.
Erzählst du mir mehr darüber?

Albertus: Wenn du mir wenigstens noch ein Stückchen Schokolade
zum Kaffee übrig lässt, könnte ich's mir überlegen. Also, pass auf:
Zu jedem suggestopädischen Text gehört eine Rahmenhandlung,
gewissermaßen eine Geschichte, in die der Stoff,
der vermittelt werden soll, eingebettet ist.
Felix: Sind das die Abschnitte, die bei deinen *fabulae* immer am Anfang
und als Abrundung, manchmal aber auch zwischendrin zu finden sind?
Albertus: Ganz genau! Am Ende der Sommerferien vor einem Jahr,
als ich mit meinen Vorbereitungen für das neue Schuljahr anfing,
habe ich mich hingesetzt und mir überlegt, welche Rahmenhandlung
wohl für den Lateinunterricht in der 5. Klasse passen könnte.
Ich habe ein bisschen in unserem Unterrichtswerk geblättert – und hatte eine Idee:
Warum nicht den Titelhelden auf eine Zeitreise schicken – nach Rom –,
um dort Schritt für Schritt die lateinische Sprache kennen zu lernen,
aber natürlich auch das Leben in der Stadt und auf dem Land?
Felix: Ich verstehe: Du hast versucht, das Schulbuch,
das in der Klasse ja alle hatten, mit deinen Geschichten zu verknüpfen.
Albertus: Genau! Und ich habe mich nicht nur in Hinblick auf Wortschatz
und Grammatik an den vorgegebenen Lektionen orientiert,
sondern auch inhaltlich: Als du, laut Buch, im nächsten Kapitel
den Tempelbezirk im Herzen der Hauptstadt besuchen solltest,
habe ich in meiner Rahmenhandlung einen Ausflug dorthin organisiert;
und als Pompeji und der Golf von Neapel auf dem Programm standen,
habe ich deine Gastfamilie einfach auf eine kleine Urlaubsreise geschickt.
Auf diese Weise ist eine fortlaufende Handlung entstanden.
Felix: Und jeder Geschichte hast du eine originelle Überschrift gegeben,
mit der man, auf den ersten Blick, meist gar nichts anfangen konnte.
Erst langsam, im weiteren Verlauf, da wurde dieses Rätsel dann gelöst.

Erzählrahmen

Inzwischen durchzieht der Duft von frisch gebrühtem Kaffee die Küche.
Mit einem Blubbern und Sprudeln gibt die Espressomaschine zu verstehen,
dass sie das Wasser vollständig durch den Filter gedrückt hat.
Der Lateinlehrer verrührt klirrend viel Zucker in der dampfenden Tasse.

Rede und Gegenrede

Albertus: Nach der Überschrift und dem eröffnenden Erzählrahmen
begann dann jedes Mal das eigentliche Lernkonzert,
und zwar in Dialogform, um die Art der Kommunikation nachzuahmen,

die uns am vertrautesten ist, eben weil wir sie tagtäglich benutzen:
die Unterhaltung mit anderen Menschen – mit Rede und Gegenrede,
Frage und Antwort, Zustimmung und Widerspruch.
Je nachdem wie viele und welche Figuren ich auftreten ließ,
entwickelte sich das Gespräch.
Felix: Stimmt! Ich, der Held, war natürlich immer mit von der Partie,
aber auch Claudia und Marcus, meine römischen Freunde;
die anderen Personen wechselten – mal waren es mehr, mal weniger.

Figuren erfinden

Albertus: Je nach Lektion. Ich habe die dortigen Anregungen aufgegriffen,
aber oft und gern noch zusätzliche Figuren erfunden.
Weißt du, Felix, wenn du erst einmal angefangen hast zu schreiben,
dann sprudeln die Ideen nur so aus dir heraus!
Es macht mir diebischen Spaß, verschiedene Charaktere zu entwerfen
und mir Situationen auszudenken, in denen diese aufeinander treffen.
Die Personen können sich dabei entwickeln, sich verändern,
neue Beziehungen knüpfen, miteinander streiten, bis die Fetzen fliegen,
sich wieder versöhnen und so weiter und so weiter – wie du möchtest.
Und um all das herum lässt du, wie farbenprächtige Bühnenbilder,
ständig wechselnde Schauplätze entstehen:
den geschäftigen Trubel auf einem lauten römischen Forum etwa
oder die geheimnisvolle Stille eines heiligen Orakelhaines,
in dem Priester aus dem Rauschen uralter Eichen die Zukunft verkünden.
Deiner Fantasie sind wirklich keine Grenzen gesetzt. Toll, nicht wahr?
Felix: Ja, doch sag: Klappt das eigentlich nur in Latein?
Oder warum machen das die anderen Lehrer nicht auch so?

Anschauliche Szenen

Albertus: Nein, Felix, mit dem Fach hat das überhaupt nichts zu tun!
Aus allen Schulbuchlektionen oder sonstigen trockenen Sachtexten
lassen sich lustige Dialoge zaubern, können anschauliche Szenen entstehen,
kann sich ein farbiges, lebendiges, spannendes Geschehen entwickeln,
das alle Sinne und alle Lerntypen anspricht.
Natürlich muss man das Alter der Schüler etwas im Auge behalten;
die sollen sich in den Geschichten gewissermaßen „zu Hause" fühlen.
Felix: Stimmt! Bei dir war ich immer genauso cool, wie ich es wirklich bin.
Marcus, vor allem aber Claudia, hat das mächtig beeindruckt!

Albertus: Na ja, man muss als Lehrer eben ein bisschen aufmerksam sein,
den Lernenden zuhören, sie beobachten.
Dann kann man nicht nur deren Sprache,
sondern auch deren alltägliche Lebensbereiche einbeziehen,
aber auch Besonderheiten der Gruppe. Raum dafür bleibt genug,
denn man muss ja nicht sofort jedes fachliche Detail,
jede Ausnahme, jede Besonderheit in das Lernkonzert packen.
Die Geschichten geben erst einmal einen Überblick.
Für weitere Erklärungen und für die Vertiefung des Stoffes
gibt's ja schließlich die verschiedenen Aktivierungen.

„Nebenbei" lernen

Felix: Es war aber schon toll, wie viel Latein du uns
in diesen Gesprächen beigebracht hast – und das fast nebenbei!
Albertus: Ich habe halt versucht, den neuen Wortschatz,
die Formen- und Satzlehre jedes Mal mit den Situationen zu verknüpfen.
Da musste dann zum Beispiel nur ein dicker römischer Senator
von schwitzenden Sklaven in der Sänfte übers Forum getragen werden,
und schon konnte ich, eben mit dem Wort *senator*,
die Deklination der Substantive auf *-or*, *-oris* einführen.
Felix: Stimmt! An diesen aufgeblasenen Politiker kann ich mich erinnern.
Das liegt aber vielleicht auch an der Zeichnung, die da dabei war:
Super, dieser Glatzkopf neben dem Text!

Äußeres Erscheinungsbild des Textes

Albertus: Ja, du hast Recht! Die Gestaltung des Randes,
der möglichst breit ausfällt, ist besonders wichtig.
Hier lassen sich Schlüsselwörter, Fachbegriffe, Formeln und Ähnliches
noch einmal betont wiederholen.
So können die Lernenden später diese Lernkonzerte
fast wie kleine Nachschlagewerke benutzen:
Rechts steht ein Stichwort – und links im Text wird dieses erklärt.
Beliebt sind am Rand natürlich auch Illustrationen aller Art,
zum Inhalt passende Skizzen, Zeichnungen, Schaubilder.
In modernen Fremdsprachen benutzt man den rechten Rand ferner dazu,
um neue Vokabeln und Redewendungen einzuführen;
oder man bietet von Anfang an in der Spalte links den Originaltext
und in der Spalte rechts daneben die Übersetzung an.
Komm mal mit, ich möchte dir etwas zeigen!

Das lässt sich Felix natürlich nicht zweimal sagen.
Mit einem lauten Satz landet er auf den Fliesen und macht sich einen Spaß daraus,
den Lateinlehrer auf dem Weg nach hinten ins Arbeitszimmer
mit seinen langen Beinen demonstrativ zu überholen.
Hier darf er sogar auf dem „Chefsessel" Platz nehmen,
während sich **Albertus Magister** mit einem ächzenden Hocker begnügt.
Beide starren gebannt auf den hellen, flimmernden Bildschirm vor ihnen.

Inhaltliche Einheit pro Zeile

Albertus: Siehst du, das wird das erste suggestopädische Lernkonzert
im neuen Schuljahr – sozusagen deine Zukunft!
Felix: Wow, das ist ja jetzt fast wie beim Orakel von Delphi!
Albertus: Aber eben nur fast. Ich bin nämlich noch nicht sehr weit.
Aber was du hier trotzdem schon wieder gut sehen kannst:
Der Text ist nicht einfach im üblichen Blocksatz geschrieben,
sondern jede Zeile umfasst immer nur eine inhaltliche Einheit.
Ich orientiere mich dabei meist an der Zeichensetzung
doch manchmal lasse ich auch mitten im Satz eine neue Zeile beginnen,
vor allem dann, wenn hier auch beim Vorlesen eine kleine Pause sein soll.
Felix: Um ehrlich zu sein:
Diese kürzeren Zeilen haben mir das Mitlesen oft ganz schön erleichtert!

Blickspannweite

Albertus: Ich weiß, ich weiß.
Das hat etwas mit der so genannten Blickspannweite der Augen zu tun –
und eben mit den in sich abgeschlossenen gedanklichen Einheiten.
Die Lernenden sollen ja, während ihnen das Konzert vorgetragen wird,
all die Dinge, die sie für wichtig halten, in irgendeiner Form hervorheben,
ja, und natürlich auch das, was ihnen noch unklar ist,
damit sie anschließend ihre Fragen stellen können.
Felix: Bei dir brauchte man aber immer ein ganzes Set an Buntstiften!
Denn wie soll man sich bitte mit einem gelben Textmarker
etwas auf gelbem Papier markieren?
Und wie mit einem grünen etwas auf grünem?
Ja, ja, ich weiß schon: Du wolltest uns mit den Farben motivieren.

Lernhilfen nutzen

Albertus: Nicht nur das! Gleichzeitig waren sie als Lernhilfen gedacht:
Alle Lernkonzerte, in deren Mittelpunkt Deklinationen standen,

hatten dieselbe Farbe. Genauso habe ich es bei den Konjugationen,
den verschiedenen Tempora, den Kasus und so weiter gehandhabt.
Felix: Ich merk schon: Wirklich alles voll durchgestylt.
Albertus: Und wie! Alles ist genau durchdacht, auch die Geschichten:
Nach der einleitenden Rahmenhandlung steigt im Dialog die Spannung an,
wird mehr und mehr aufgebaut bis zum eigentlichen Höhepunkt ...
Felix: ... der lateinischen Syntax – übrigens inzwischen mein Lieblingswort!

Handlungswechsel

Albertus: Nicht unbedingt!
Oft nimmt auch die eigentliche Handlung eine überraschende Wendung.
Danach fällt die Spannung jedenfalls ab
und alles mündet in einen offenen Schluss, der Lust auf die Fortsetzung macht.
Apropos Schluss: Sag mal, müsstest du nicht längst im Bett sein?
Wenn ich mich recht erinnere, habe ich dich in der letzten Geschichte
in die Gegenwart zurückkehren lassen – zu deiner echten Mutter, nicht wahr?
Felix: Ja, aber mitten in die Sommerferien!
Aber ich verdrück mich jetzt trotzdem. Danke für alles!
Ich freu mich schon total auf September!
Denk dir bitte wieder ganz, ganz viele
und ganz, ganz spannende Geschichten für mich aus, ja?!
Und wenn du in der Sache mit Claudia etwas drehen könntest –
na ja, du weißt schon! Also dann: *Vale, magister!*
Albertus: Ich werd sehen, was sich machen lässt, versprochen!
Vale, amice!

Dialoge erfinden macht Spaß

Und so plötzlich, wie er aufgetaucht war,
ist der lustige Rotschopf auch wieder verschwunden.
Wieder hört man in der nächtlichen Stille nur das Klappern der Tasten,
über die die Finger von **Albertus Magister** wie wild hin- und hersausen.
Doch wenn man sein Ohr gegen den Türspalt drücken
und wirklich eine Weile konzentriert lauschen würde, so könnte man,
ab und zu, den Lateinlehrer leise schmunzeln und kichern hören,
nämlich immer dann, wenn ihm gerade etwas besonders Originelles
für seinen kleinen Helden eingefallen ist.

Kapitel 25: Fantasiereisen und Entspannungsmethoden

von Ulrike Quast

Im Rahmen der didaktischen Rhythmisierung des suggestopädischen Unterrichts nehmen Entspannungsverfahren einen wichtigen Stellenwert ein. Sie können als „warming-up"-Element vor einer Unterrichtsstunde (zum Beispiel morgens als Ritual) oder auch im Laufe des Unterrichts durchgeführt werden. Entspannungsverfahren sollen erreichen, dass die Teilnehmer „ankommen", Kraft schöpfen und sich konzentrieren.

„warming-up"-Elemente

Wenn Sie eine Entspannung durchführen, sollten Sie den Teilnehmern empfehlen, bequeme Kleidung zu tragen, Brillen oder Haftschalen abzunehmen und einengende Kleidungsstücke zu lockern. Die Haltung der Teilnehmer unterscheidet sich im Wesentlichen nicht von der beim autogenen Training. Folgende Varianten sind möglich:

Bequeme Haltung einnehmen

■ Im Liegen: Hierbei eignet sich vor allem die Rückenlage, wobei Arme und Beine leicht nach außen gewinkelt und locker aufliegen sollten. Unter den Kopf und / oder die Knie können Kissen bzw. eine Decke (zusammengerollt) gelegt werden.

Liegen

■ Einfache Sitzhaltung: Viele Teilnehmer bevorzugen die einfache Sitzhaltung. Dabei lehnt man sich auf seinem Sitz zurück; den Kopf lässt man entweder nach vorn sinken oder lehnt ihn an die Rückenlehne. Die Arme liegen locker auf den Oberschenkeln; die Beine stehen mit einem Abstand von ca. 20 cm auf dem Erdboden, wobei die Füße von den Fersen bis zu den Zehen leicht schräg auseinander gehen.

Einfache Sitzhaltung

■ Droschkenkutscherhaltung: Dabei setzt man sich auf einen Stuhl oder Hocker und stellt die Beine bequem auseinander. Danach setzt man sich zunächst aufrecht (beim Einatmen) und lässt anschließend den Oberkörper nach vorn sinken (beim Ausatmen). Man versucht nun, den Körper so auszurichten und auszubalancieren, dass man sich im Gleichgewicht befindet. Die Arme werden auf die Oberschenkel gelegt, ohne dass sie sich berühren. Für Teilnehmer mit Rückenbeschwerden ist diese Position allerdings nicht geeignet.

Droschken-kutscherhaltung

Dreiphasiges Entspannungsverfahren

Entspannungsverfahren sind in drei Teile gegliedert:

Hinführung und Hauptteil

1. *Hinführung:* Man spielt für einige Sekunden entspannende Musik ein (es ist auch ohne Musik möglich) und bittet die Teilnehmer, sich bequem hinzusetzen oder zu legen. Die Augen können geschlossen werden. Dann trägt der Trainer entspannungsauslösende Suggestionen vor, etwa: „Sie spüren / du spürst immer mehr, wie Ruhe durch Ihren / deinen Körper fließt."

2. *Hauptteil der Übung:* Nun trägt der Trainer den Text der Fantasiereise oder eines anderen Verfahrens vor. Wichtig ist der langsame Vortrag entsprechend des Rhythmus und der Dynamik der Hintergrundmusik.

Zurück in die Realität

3. *Zurücknehmen des Entspannungszustandes:* Wenn der Trainer nicht möchte, dass die Teilnehmer „selig weiterschlafen", trägt er nun Instruktionen vor, die die Teilnehmer aus dem Entspannungszustand zurückholen sollen: „Und ganz allmählich tauchen Sie / tauchst du wieder auf, kommen Sie / kommst du zurück in die Realität." Es empfiehlt sich, die Musik durch ein „fading-out" allmählich verklingen zu lassen. Als Hintergrundmusik empfehle ich Ihnen „Pini di Roma" (Ottorino Respighi) oder „Zazou" (Roland Böttcher).

Entspannen auf der „Fantasiereise"

Mithilfe von Fantasiereisen lassen sich durch verbale Vorgaben vonseiten des Trainers und entspannende Musik folgende Wirkungen bei den Teilnehmern erzielen:

- Herbeiführung einer positiven Befindlichkeit
- Erhöhung von Konzentration und Aufmerksamkeit
- Angstabbau
- Erfolgsmotivierung
- Leistungssteigerung
- Anregung kreativer Prozesse
- Förderung selbstreflektorischer Prozesse

Außerdem lassen sich Fantasiereisen einsetzen, um fachadäquate Ziele zu realisieren, etwa die Vermittlung, Wiederholung und Festigung der Inhalte. Lassen Sie sich nun von der folgenden Fantasiereise inspirieren und lehnen Sie sich beim Lesen einfach bequem zurück:

Altes Fischerdorf

Ich möchte dich auf eine Reise mitnehmen –
eine Reise zu einer malerischen Insel im Süden.
Nun stell dir vor, wie du sie erkundest:
Die Gezeiten des Meeres, die felsigen Klippen,
den weichen Sand und kleine, zauberhafte Wasserfälle.

Und während du die Insel durchwanderst,
entdeckst du ein altes Fischerdorf.
Neugierig läufst du auf seinen schmalen Pfaden
und nimmst dir Zeit, dich umzusehn.

Niedrige Landhäuser säumen die Wege.
Ihre Dächer sind reetgedeckt.
Die Wände – aus Steinen – anthrazitfarbenen Steinen.
Dazwischen liegen winzige Fenster.
Ihre hölzernen Läden sind weit geöffnet.
Was mag sich drinnen verbergen?

Am Dorfausgang findest du ein einsames Fischerhaus.
Dunkelheit hinter den Fensterscheiben.
Schweigen – kein Laut dringt an dein Ohr.
Behutsam öffnest du das Tor
und schaust dich im verlassenen Garten um.
Ein Boot liegt da – verwittert, längst vergessen.
Ein graues Fischernetz daneben.
Der Duft des letzten Fangs – entwichen.
Noch ein kurzer Blick und du schließt die Pforte wieder.

Dein Weg führt dich weiter,
immer weiter auf moosbedeckten Wegen.
In einem wilden Garten verweilst du
und legst dich in das weiche Gras.
Tief atmest du den Duft der Wiesenblumen ein.
Und mit jedem neuen Atemzug spürst du,
wie du entspannter und ruhiger wirst.
Ruhe und Entspannung breiten sich in dir aus.
Völlige Ruhe und Entspannung.

Entspannen mit „PMR"

Progressive Muskel-entspannung

Die progressive Muskelentspannung (PMR) wurde in den 30er-Jahren von E. Jacobson entwickelt. Das Prinzip der Übung besteht darin, durch die progressive (fortschreitende) Entspannung von Muskelgruppen auch eine psychische Entspannung herbeizuführen. Wissenschaftliche Untersuchungen ergaben, dass die PMR Angst abbauende sowie konzentrations- und leistungssteigernde Wirkungen ausübt. Hier finden Sie einen Textvorschlag für die PMR (adaptiert nach der Kassette von Astrid Werner). Im Hintergrund kann entspannende Musik spielen.

PMR-Übung

Sie sitzen oder liegen ganz bequem. Ihre Augen können Sie sofort oder auch später zufallen lassen. Wenden Sie sich nun einen Augenblick lang den Geräuschen im Raum zu. Sie stören sich nicht an ihnen und lassen sie einfach vorbeiziehen. Auch Ihre Gedanken kommen und ziehen vorüber wie auf einer Wolke oder einem Fluss.

Wandern Sie nun im Geist durch Ihren Körper ... bis in die Arme hinein. Spüren Sie nach, wie sie sich anfühlen: Ihre Oberarme, Ihre Unterarme und Ihre Hände ... Und gleich kommt das Signalwort, dann ballen Sie die Hände zur Faust und spannen Ihre Arme an. Jetzt. Anspannen, anspannen, anspannen *(ca. 7 Sek.)* ... Und fallen lassen. Loslassen. Lassen Sie die Arme ganz bequem und locker liegen. Spüren Sie das unterschiedliche Gefühl in den Armen im Vergleich zu vorher *(ca. 20 bis 30 Sek.)*. Wandern Sie nun weiter zu Ihrem Gesicht und in Ihren Nacken. Stirn, Augen, Nase, Wangen, Mund, Kiefer und Nacken. Spüren Sie, wie sie sich anfühlen ...

Und gleich kommt das Signalwort, dann kneifen Sie die Augen zusammen, rümpfen die Nase, beißen die Zähne aufeinander und ziehen den Kopf in Richtung Nacken. Jetzt. Anspannen, anspannen, anspannen *(ca. 7 Sek.)* ... Und locker lassen. Loslassen. Und hinspüren, wie sich die Muskeln mehr und mehr entspannen *(ca. 20 bis 30 Sek.)*.

Wandern Sie nun zu Ihrem oberen Rücken, Bauch und Beckenboden. Spüren Sie, wie Sie diesen Bereich wahrnehmen ... Und beim Signalwort spannen Sie diesen Bereich an. Jetzt. Anspannen, anspannen, anspannen *(ca. 7 Sek.)* ... Und loslassen. Lassen Sie alle Spannung raus. Achten Sie darauf, wie sich dieser Bereich im Vergleich zu vorher anfühlt *(ca. 20 bis 30 Sek.)*.

Wandern Sie nun weiter in Ihre Beine. Spüren Sie, wie sich Ihre Oberschenkel, Ihre Unterschenkel, die Füße und Zehen bemerkbar machen
… Gleich folgt das Signalwort, dann ziehen Sie die Füße in Richtung
Kopf und spannen die Muskeln der Beine an. Jetzt. Anspannen, anspannen, anspannen *(ca. 7 Sek.)* … Und loslassen. Lösen. Genießen Sie
das angenehme Gefühl der Lockerung und Lösung der Muskeln
(ca. 20 bis 30 Sek.).

Genießen Sie nun noch für eine Weile die Lockerung und Lösung der
Muskeln, bis wir die Übung beenden *(ca. 60 Sek.)* …

Lassen Sie nun wieder Bewegung in Ihre Arme und Beine kommen,
atmen Sie tief durch und öffnen Sie die Augen wieder.

Entspannen durch Atemmeditation mit Musik

Ein ruhiger Atem und psychisches und mentales Wohlbefinden hängen
bekannterweise zusammen. Die folgende Übung lässt sich gut zwischendurch einsetzen, um die Lerner wieder aufzumuntern.

Übung für „zwischen- durch"

Eine kleine Meditation

Die Teilnehmer nehmen eine bequeme Sitzposition ein und schließen
ihre Augen. Nachdem sie sich noch einen Moment lang auf ihre Umgebung konzentriert haben (die Musik, die Geräusche im Raum), werden
sie vom Trainer darauf hingewiesen, dass sie nun mehr und mehr bei
sich selbst ankommen sollen. Sie werden instruiert, zunächst ihren
Körper wahrzunehmen (wie sich die einzelnen Körperteile anfühlen)
und sich dann ihrem Atem zuzuwenden, also ihn zu spüren und zu
beobachten, ohne etwas zu verändern. Nach etwa 60 Sekunden werden sie aufgefordert, bei jedem Ausatmen den jeweiligen Atemzug
mitzuzählen, und zwar immer nur zehn Züge beim Ausatmen. Danach
beginnt das Zählen wieder von vorn. Ihre Teilnehmer sollten dabei
nicht den Ehrgeiz entwickeln, bei jedem Ausatmen von 1 bis 10 zu
zählen. In einem meiner Kurse hat eine Lehrerin dabei sehr nach Luft
gerungen.

**Entspannungsverfahren üben eine wichtige Funktion in der
Suggestopädie aus. Sie dienen der Harmonisierung der Persönlichkeit
und haben konzentrations- und leistungssteigernde Effekte.**

Kapitel 26: Mit Energizern (Auffrischern) neue Energie tanken

von Marcus Koch

Erfrischungs-oasen

Unter Trainern und Trainerinnen immer noch verbreitet ist der Drang, den geplanten Stoff auch wirklich „durchzubringen" – für Oasen der Ruhe oder Erfrischung scheint keine Zeit zu sein. Die Teilnehmer lediglich aufzufordern, sich außerhalb des Seminars in den Pausen zu bewegen, reicht kaum aus. Ideal ist es vielmehr, kleine Auffrischer – auch Energizer genannt – in den Seminarablauf zu integrieren. Sie werden überrascht sein, welchen Nutzen diese kleinen Zeitinvestitionen während des Seminars für das erfolgreiche Lernen Ihrer Teilnehmer haben.

Dabei gilt als Faustregel: Unterbrechen Sie alle 45 bis 60 Minuten die Stoffaufnahme und tun Sie etwas anderes.

Funktion der Energizer im Seminar

- Nach langen passiven Phasen sehnt sich der menschliche Körper nach einer „Auffrischung" – die mobilisierende Wirkung von Energizern ist sehr wertvoll, ganz gleich ob als Einstieg in eine Trainingseinheit oder als Übung für zwischendurch.

Atemübungen
- Atemübungen etwa fördern die Entspannung und die Konzentration und helfen den Teilnehmern, neue Energie zu tanken.
- Gymnastische Übungen bringen das Herz-Kreislauf- und Atemsystem in Schwung, Körper und Gehirn werden besser durchblutet und mit Sauerstoff und Nährstoffen versorgt. Das Gehirn tankt so nötige Energie und gelangt zu voller Leistung und Aufnahmefähigkeit. Gleichzeitig ist der Teilnehmer hellwach und entspannt – beste Voraussetzungen für größtmögliche Leistungsbereitschaft und Lernfähigkeit.

BrainGym
- Bestimmte Übungen (BrainGym) fördern die geistigen Fähigkeiten, speziell die bessere Kommunikation zwischen den beiden Gehirnhälften unseres Großhirns („gehirngerechtes Lernen").
- Energizer verbessern deutlich das Gruppenklima: Der Gruppenzusammenhalt wird im Wesentlichen durch das gemeinsame Sprechen über bestimmte Themen sowie das gemeinsame Tun gefördert, also jede Art von Körperaktivität. Im Erleben innerhalb der Gruppe können diese Übungen zudem Stimmungen verändern oder Aggression oder Frust deutlich abbauen.
- Energizer ermöglichen elegante Übergänge zwischen einzelnen Phasen und helfen, den Seminarablauf zu rhythmisieren und zu strukturieren.

- Energizer mobilisieren Gruppe und Trainer und sorgen für Schwung und Aufmunterung.

- Energizer kosten in aller Regel nur wenige Minuten Zeit und stellen damit eine Gewinn bringende Zeitinvestition dar.
- Energizer machen unglaublich viel Spaß und sind alleine schon deshalb für das Lernen wertvoll, auch wenn sie von außen oft wie lustiger Zeitvertreib aussehen. Ein Trainer, der selbst nie lächelt oder lacht, wird es schwer haben, andere davon zu überzeugen, dass sie sich entspannen und Spaß haben sollen. Nur wenn der Trainer selbst Spaß hat und sich wohl fühlt, kann er andere motivieren, es ihm gleichzutun.

Auch für den Zeitpunkt des Einsatzes der Energizer gibt es eine Faustregel: Immer dann, wenn Sie das Gefühl haben, dass Ihre Gruppe an dieser Stelle zu diesem Zeitpunkt in diesem Prozess einen Energieschub braucht, ist der Moment richtig gewählt.

Ausgesprochen geeignet sind die Zeiten vor, nach oder zwischen längeren körperlich passiven, sitzenden Phasen. Auch nach dem Mittagessen lohnt sich der Einsatz von Energizern, um dem „Suppenkoma" entgegenzuwirken – ebenso, wenn Sie in eine neue Sozialform überleiten möchten, zum Beispiel mit einer bewegungsintensiven Paar- oder Gruppenfindungsübung. Zudem sind sie nützlich, sobald Sie Ihre Teilnehmer im Tal der biologischen Tageskurve wähnen oder Sie Ihren Teilnehmern ein Lachen in die Gesichter zaubern wollen.

Suchen Sie nach Auffrischern, die Sie Ihrem eigenen Erfahrungsschatz entnehmen können (Kindheit, Jugendarbeit, Sportverein, Feste, Hochzeiten, Gruppenausflüge). Fragen Sie Ihre Kinder, Freunde oder Kindergeburtstagsfans nach Auffrischern, die sie einsetzen. Und eventuell können Sie Elemente aus Sportarten, die Sie betreiben, oder aus Ihren Hobbys in Ihre Energizeraktivitäten übernehmen. Lebhafte Spiele, Tänze, Rhythmus und Bewegung, Lieder – die Auswahl ist grenzenlos.

Beispiele für Energizer

Obstsalat: Alle TN sitzen im Kreis und nennen laut ihr Lieblingsobst. Ein Teilnehmer steht in der Mitte und nennt zwei oder drei Obstsorten für einen Obstsalat – die genannten Obstsorten (bzw. Teilnehmer) müssen in Windeseile ihre Plätze wechseln. Der Teilnehmer, der keinen Platz findet, kreiert den nächsten Obstsalat.

Ballon: Die Faszination für Luftballons scheinen auch Erwachsene nicht verloren zu haben. Alle Teilnehmer stehen in einem Kreis. Der Trainer bringt den aufgeblasenen Ballon ins Spiel, den die Teilnehmer in beliebiger Reihenfolge durch leichtes Schnipsen in der Luft halten.

Variation: Bei jedem Schnipsen sagen die Teilnehmer

- einen Buchstaben des Alphabetes (von A bis Z); sobald ein Fehler gemacht wird, beginnt die Gruppe von vorne
- eine Zahl (in chronologischer Reihenfolge); bei fortgeschrittenen Teilnehmern wird in Zweier- oder Dreier-Schritten oder auch einmal rückwärts gezählt
- ein Wort zu einem semantischen Wortfeld
- einen Begriff zu einem bearbeiteten Thema

Meteoritenschwarm: Alle Teilnehmer stehen im Kreis. Der Trainer wirft einen Ball zu einem Teilnehmer. Dieser wirft den Ball zu einem weiteren Teilnehmer, prägt sich aber vorher ein, dass er den Ball vom Spielleiter bekommen hat und ihn an einen entsprechenden Teilnehmer weitergeworfen hat. So geht es, bis jeder in der Gruppe den Ball einmal hatte und der Ball wieder beim Spielleiter gelandet ist (Kreis schließt sich somit). Am besten ist es, die Runde nochmals zu durchlaufen, damit sich die Laufbahn des Balles einprägt. Nun kann der Spielleiter nach und nach mehr Bälle ins Spiel bringen, die aber allesamt immer die gleiche Laufbahn (Meteoritenbahn) ablaufen – mit jedem Ball steigt der Spaßfaktor.

Energizer zielbewusst einsetzen

Wenn Sie ein paar wenige Punkte beachten, werden Sie bei Ihren Teilnehmern eine hohe Akzeptanz für und Freude an Energizern feststellen:

- Sicherheit schaffen, bevor die Übung beginnt: Jeder Teilnehmer soll sich wohl fühlen.
- Der Trainer spielt mit – die Teilnehmer sehen, dass alles mit rechten Dingen zugeht.
- Neben körperlicher Sicherheit auch auf die psychologische Sicherheit achten: Dem Trainer liegt am Wohlergehen der Teilnehmer.
- Mitmachen muss freiwillig geschehen. Es ist in Ordnung, wenn jemand nicht mitspielen will: Dennoch motiviert der Trainer alle zum Mitmachen.
- Störungen vermeiden: Störer müssen zuschauen oder den Raum verlassen. Zu beachten ist: Oft ist es gar nicht die Unlust am Spiel,

sondern eher Unsicherheit und Angst, sich vor den anderen zu blamieren, oder fehlende Einsicht in den Sinn des Spieles, was den Widerstand auslöst.

■ *Wozu* möchten Sie als Trainer diesen Energizer jetzt an dieser Stelle einsetzen? Die Antwort auf diese Frage macht es dem Zweifler oder kognitiven Lerner leichter, sich auf die Übung einzulassen.

Richtiger Zeitpunkt für Energizer

■ Der Trainer gibt eine kurze Erklärung, wie das Spiel ablaufen wird; dies gibt Sicherheit und Vertrauen, Missverständnisse werden vermieden.

■ Regeln dürfen abgewandelt werden, autoritäres Durchsetzen von Regeln ist kontraproduktiv.

■ Wichtig sind der gute Kontakt zur Gruppe sowie Einfühlungsvermögen in das momentane Befinden der Teilnehmer.

Versuchen Sie bei jeder Gruppe „Spielbegeisterung" vorauszusetzen; gerade Führungskräfte sind oft leicht zu begeistern. Gruppen, die am ersten Seminartag noch misstrauisch reagieren, fragen oft schon am zweiten Tag nach einem Energizer – und fordern ihn am dritten Tag nach jeder Pause sogar ein.

Nicht jeder Teilnehmer wird die gleiche Lust an der Bewegung entwickeln; noch besser als Ihr direktes Einwirken auf den zögernden Teilnehmer ist die Wirkung von Musik, die die Füße oft von ganz alleine in Bewegung setzt.

Kapitel 27: Soziale Formen des Lernens

von Monika Schubach

Was verstehen Sie unter einer Gruppe? Haben Sie darüber schon einmal nachgedacht? Jetzt denken Sie wahrscheinlich: „Eine Gruppe – was soll das schon sein? Mehrere Menschen, die irgendetwas gemeinsam haben." Richtig: Von einer Gruppe sprechen wir immer dann, wenn

■ mehrere Menschen in einer sozialer Beziehung zueinander stehen und ein Blick-Kontakt (Face-to-Face-Kontakt) möglich ist,

Definition „Gruppe"

■ diese Personen über eine gewisse Zeit – in unserem Fall über die Dauer des Seminars – gemeinsame Ziele verfolgen (der erfolgreiche Abschluss einer Weiterbildungsmaßnahme),

■ diese Personen miteinander kommunizieren und agieren,

- sich diese Personen für die Zeit ihres Zusammenseins gemeinsame Verhaltensregeln gegeben haben und
- diese Personen ein „Wir-Gefühl" entwickelt haben.

Wenn Sie sich diese Möglichkeiten verinnerlichen, können Sie ab sofort verschiedene Situationen in Ihren Seminaren vielleicht besser verstehen – und haben somit die Möglichkeit, anders zu reagieren.

Trainer erweitert Optionen

Welche Unterrichtsformen Sie am sinnvollsten einsetzen, entscheiden Sie selbst, und zwar in den meisten Fällen aufgrund der vorhandenen Rahmenbedingungen wie Anzahl der Teilnehmer, Zusammensetzung der Gruppe und Schwierigkeitsgrad des Themas. Wer die verschiedenen Formen des sozialen Lernens kennt, erweitert seine Optionen. Eines sollten Sie – egal für welche Form des Arbeitens Sie sich entscheiden – nicht vergessen: Mit der Wahl der Unterrichtsform treffen Sie eine Vorentscheidung über das folgende Unterrichtsgeschehen.

Soziale Formen des Lernens stellen eine Verbindung her zwischen dem WAS (lernen wir) und dem WIE (verhalten wir uns dabei gegenüber anderen). Einzelarbeit, Partnerarbeit und Gruppenarbeit sind die grundlegenden Formen sozialen Lernens.

Einzelarbeit / Alleinarbeit

Sie gilt auch heute noch als „klassische" Form des Lernens: Sie dient einzig und allein dem Erlernen von Inhalten. Ziel der Einzelarbeit / Alleinarbeit war und ist es, das Erlernte wiedergeben zu können.

Teilnehmer arbeitet allein

Doch wie läuft Einzel- / Alleinarbeit eigentlich ab? „Das ist doch klar", sagen Sie? „Der Lernende arbeitet ohne direkte Hilfe eines Trainers oder die Unterstützung anderer. Er erlernt selbstständig alle für die Arbeitsausführung notwendigen Schritte und festigt diese durch mehrmaliges Wiederholen und Üben." Stimmt genau. In dem Fall ist der Lernende total auf sich allein gestellt. Er selbst definiert das Ziel, den Zeitaufwand und alle anderen Rahmenbedingungen.

Einsatzbereiche

In der Weiterbildung ist vor allem der EDV-Bereich sehr auf diese Form des Lernens ausgerichtet. Über den Einsatz der Einzelarbeit in der Suggestopädie gehen die Meinungen auseinander. Es kommt dabei auf die Sichtweise an. Für mich stehen im Training die Teilnehmer im Vordergrund. Besteht also der Wunsch nach Einzelarbeit, gehe ich darauf ein, denn jeder weiß wohl am besten, was für ihn gut ist. Und ein Ziel der Suggestopädie ist, dass es dem Lernenden gut geht.

Partnerarbeit

Auch das Ziel dieser Lernform ist es, Wissen zu erlernen. Der Unterschied besteht darin, dass die Aufgabenstellung von mehreren Personen gemeinsam – in einer Lernpartnerschaft – erarbeitet wird. Für Partnerarbeiten stehen uns zwei Formen zur Verfügung: die themengleiche Partnerarbeit und die themenverschiedene Partnerarbeit.

Bei der *themengleichen Partnerarbeit* wird die Aufgabenstellung in gleicher Weise – also themengleich – an verschiedene Lernpartnerschaften verteilt, die gemeinsam versuchen, eine entsprechende Lösung zu finden. Die einzelnen Lösungsansätze werden zum Schluss in gemeinsamer Diskussion im Plenum zu einer Lösung zusammengeführt und schriftlich fixiert, etwa auf einem Flipchart oder einer Pinnwand.

Themengleiche Partnerarbeit

Themenverschiedene Partnerarbeit ist daran erkennbar, dass die Aufgabenstellung in verschiedene Teilbereiche gegliedert wird. Jede Lerngemeinschaft erarbeitet nur ihren Teilbereich. Am Ende steht dann wieder die Abstimmung der Ergebnisse im Plenum und die schriftliche Fixierung.

Themenverschiedene Partnerarbeit

Partnerarbeit können Sie in allen Gebieten des Lernens einsetzen. Das macht sie zum einen so wertvoll und zum anderen auch meist sehr erfolgreich. Beispiele sind das Erstellen einer Anleitung zum Formatieren von Texten (Textverarbeitungsprogramme) und das Erarbeiten von Vor- und Nachteilen zu einer bestimmten These.

In der Suggestopädie kann die Partnerarbeit – genauso wie bei allen anderen Lernmethoden – nahezu überall eingesetzt werden. Eine besondere Form bilden Formen des Spiels: Zur Einführung in ein Thema eignet sich ein Rollenspiel, zur Wiederholung und Festigung eines Seminarinhalts können die Lerninhalte auch mithilfe eines Puzzles, des Memoryspiels oder eines Kreuzworträtsels erschlossen werden.

Einsatzbereiche

Gruppenarbeit

Auch hier gibt es die Formen der themengleichen und themenverschiedenen Gruppenarbeit. Doch es sind nicht nur Lerngemeinschaften oder Lernpartnerschaften, sondern größere Gruppen daran beteiligt. Auch hier werden die Ergebnisse am Ende – in dem Fall meist von einem Gruppen-/Team-Sprecher – im Plenum vorgestellt, diskutiert und schriftlich fixiert.

Der Einsatz *themengleicher* Gruppenarbeit eignet sich vor allem für Lerninhalte, bei denen sozusagen verschiedene Wege zum Ziel führen können. Die verschiedenen Blickwinkel der Gruppenmitglieder und ihre persönlichen Wertvorstellungen spielen dabei eine sehr große Rolle. Die themengleiche Gruppenarbeit in der Suggestopädie läuft in aller Regel folgendermaßen ab:

Themengleiche Gruppenarbeit

1. Zunächst besprechen Sie das Thema, die einzelnen Lernziele und die gewünschten und angestrebten Ergebnisse und definieren die zur Verfügung stehende Zeit für die gesamte Gruppe.

2. Danach erfolgt die Gruppenbildung: Suggestopädische Hilfsmittel wie Gummibärchen, Bonbons und Mensch-ärgere-dich-nicht-Figuren kommen zum Einsatz, um die Gruppen zusammenzustellen.

3. Jede Arbeitsgruppe erhält die gleiche Aufgabenstellung.

4. Die jeweiligen Arbeitsgruppen finden sich an einem speziell für sie gekennzeichneten Lernort (etwa Tisch mit einem bestimmten Fähnchen) zusammen und arbeiten gemeinsam an der Lösung.

5. Die Gruppe benennt ihren jeweiligen Gruppen-/Teamsprecher.

6. Die Gruppe fasst ihre Ergebnisse zusammen.

7. Der Gruppen-/Teamsprecher stellt die jeweiligen Arbeitsergebnisse vor.

8. Am Schluss werden die Arbeitsergebnisse jeder Arbeitsgruppe miteinander verglichen, erörtert, abgestimmt und schriftlich festgehalten.

Möchten Sie ein Thema jedoch mithilfe der *themenverschiedenen* Gruppenarbeit herausarbeiten, so müssen Sie den verschiedenen Arbeitsgruppen unterschiedliche Lern- und Arbeitsaufgaben mit auf den Weg geben. Innerhalb der einzelnen Arbeitsgruppen soll dann versucht werden, zu einem Ergebnis zu kommen, das am Schluss – in Abstimmung mit den Ergebnissen der anderen Arbeitsgruppen – zu einem gemeinsamen Lösungsansatz „zusammengebaut" wird. Diese soziale Lernform setzen Sie daher am besten dort ein, wo Lerninhalte in gleich große Teile (gleichwertige Unterthemen) gegliedert werden können. Der Ablauf der themenverschiedenen Gruppenarbeit schaut so aus:

**Themen-
verschiedene
Gruppenarbeit**

Themenverschiedene Gruppenarbeit

1. Sie besprechen das Gesamtthema, die einzelnen Lernziele und die gewünschten und erstrebten Ergebnisse mit der gesamten Gruppe.

2. Wenn diese Punkte klar sind, ist es Ihre Aufgabe, das Gesamtthema in Teilaufträge und Teilziele zu gliedern.

3. Mithilfe entsprechender Hilfsmittel wie Süßigkeiten, verschiedener Würfel oder Abzählreime werden die Arbeitsgruppen gebildet.

4. Jede Arbeitsgruppe erhält die zu Anfang definierten Teilaufträge und Teilziele. Dies kann entweder durch Sie selbst oder alternativ auch durch Lose oder das Ziehen einer Themenkarte erfolgen.

5. Die Arbeitsgruppen treffen sich an den für sie vorab definierten Lerninseln oder Lernorten und bearbeiten die ihnen gestellte Aufgabe.

6. Die Gruppen benennen – falls gewünscht – ihren Team-/ Gruppensprecher.

7. Die Gruppe fasst ihre Ergebnisse zusammen.

8. Die Team-/Gruppensprecher stellen ihre Arbeitsergebnisse in einer bestimmten Reihenfolge vor.

9. Die Arbeitsergebnisse aller Arbeitsgruppen werden im
Plenum (Gesamtgruppe) erörtert.

10. Alle Teilergebnisse werden in einer sinnvollen Reihenfolge zu einem Gesamtergebnis zusammengefasst und
präsentiert und schriftlich festgehalten.

Setzen Sie die Gruppenarbeit dann ein, wenn die Möglichkeit besteht, ein
sehr komplexes Thema zum Großteil durch die Mitglieder einer Gruppe
selbst erarbeitet zu lassen (Projektarbeit).

Ein Praxisbeispiel

Ein Ziel der Suggestopädie ist die Aktivierung der Gruppe. Durch die
Gruppenarbeit – gleich in welcher Form – ist diese Aktivierung möglich.
Wichtig dabei ist, dass Sie zwischen den Formen des sozialen Lernens
abwechseln, die Lernformen also rhythmisieren, und für eine animie-
rende und motivierende Lernumgebung (Raumgestaltung) sorgen sowie
verschiedene Unterrichtsmaterialien einsetzen.

EDV-Beispiel Nehmen wir an, Sie geben einen EDV-Kurs. Das konkrete Thema lautet „Ergonomie am PC-Arbeitsplatz". Um das doch etwas trockene Thema interessanter zu gestalten, eignet sich folgende Vorgehensweise (ich
habe dies im Wahlunterricht EDV mit Schülern der 10. und 11. Klasse
so gehandhabt – das Vorgehen ist auf Trainingskurse durchaus übertrag-
bar):

1. Definieren Sie in Gemeinschaftsarbeit (also mit der ganzen Gruppe)
   die wichtigsten Fragen wie:
   - Woher kommt das Wort Ergonomie und was heißt es übersetzt?
   - Wie sieht ein ergonomischer PC-Arbeitsplatz aus?
   - Welche Vorschriften müssen eingehalten werden?
   - Was passiert, wenn wir längere Zeit an einem nicht
     ergonomischen Arbeitsplatz sitzen?
2. Im Anschluss daran wird die Gruppe mittels suggestopädischer
   Hilfsmittel in drei Teilgruppen geteilt.
3. Jede Gruppe erhält die Aufgabe, ein Poster mit den Antworten zu
   den vorab definierten Fragen zu erarbeiten. Das Ergebnis soll danach

präsentiert werden. Folgende Hilfsmittel stehen zur Verfügung: Internet, Fotokarton, Lineal, Buntstifte, Drucker.
4. Bevor die Arbeit beginnt, werden zwei Aktivierungsübungen absolviert, um die Koordination beider Gehirnhälften zu stärken.

Meine Erfahrung ist, dass die Teilnehmer sehr konzentriert und mit viel Freude arbeiten. In den meisten Gruppen findet zunächst eine „Arbeitsteilung" statt: Jeder darf wählen, welche Aufgabe er übernehmen möchte. Merkwürdigerweise – oder vielleicht ist es gar nicht merkwürdig – erledigt zum Schluss jeder die Aufgabe, die seinen persönlichen Fähigkeiten entspricht.

Arbeitsteilung

Zumeist gehen die Teilnehmer so vor, dass alle notwendigen Informationen aus dem Internet gesucht und mithilfe diverser Office-Anwendungen in die entsprechende Form gebracht und ausgedruckt werden. Danach findet wieder eine Gruppensitzung statt, um das Layout für das Poster zu besprechen. Die „Künstler" der Gruppe dürfen dann das Poster entsprechend gestalten.

Kleingruppenarbeit: Informationssuche

Ergebnis der Gruppenarbeit: Die Teilnehmer sind in der Lage, anhand von Positiv- und Negativbeispielen zu erläutern, worauf es bei der Gestaltung eines Arbeitsplatzes ankommt, welche Bedeutung das Wort Ergonomie überhaupt hat, welche Vorschriften es in der Wirtschaft (deutschlandweit, europaweit) zu diesem Thema gibt und was passiert, wenn die Regeln über längere Zeit nicht eingehalten werden.

Ergebnispräsentation

Das Beispiel zeigt: Es wurden alle möglichen Formen des sozialen Lernens verwendet: Gesamtgruppenarbeit (zu Beginn), Arbeit in Kleingruppen (nach der Gruppeneinteilung) und Einzelarbeit (jeder Teilnehmer der Gruppe hatte seine Aufgabe).

Kapitel 28: Lernen durch Bewegung

von Zamyat M. Klein

Die Methode des „Bewegungs-Lernens" lernte ich vor vielen Jahren auf einem DGSL-Kongress kennen. Sie faszinierte mich sofort – und seitdem setze ich sie in jedem Seminar ein, auch in Seminaren für Trainer oder bei Firmenseminaren. Entwickelt wurde sie von Dr. James J. Asher unter dem Namen TPR: total physical response.

Nutzen der Methode Die Methode ist für viele zunächst einmal gewöhnungsbedürftig, sie ist aber zugleich sehr wirkungsvoll: Sie hilft, trockene Fakten oder Listen auswendig zu lernen, zudem kann sie als Energieaufbauübung eingesetzt werden. Die Teilnehmer bewegen sich, haben Spaß, sie können sich anschließend wieder besser konzentrieren. Vor allem kinästhetische und auditive Lerner profitieren von dieser Methode.

Begriffe mit Bewegungen verknüpfen

Begriffe und Bewegungen Sie haben eine Liste von Begriffen, Handlungsabläufen, Arbeitsabläufen, Versicherungsbedingungen – oder was auch immer Ihre Teilnehmer lernen sollen. Statt ihnen nun abstrakte Wörter oder trockene Regeln vorzusetzen, verbinden Sie jeden Begriff mit einer ausdrucksstarken Körperbewegung, die alle gemeinsam ausführen. Gleichzeitig wird der entsprechende Begriff oder Satz im Chor gesprochen. Die Bewegung soll helfen, sich den Sachverhalt leichter zu merken.

Am besten funktioniert das, wenn die Bewegung den Begriff illustriert, übertreibt oder verfremdet.

Witzige und/oder außergewöhnliche Bewegungen sind besonders wirkungsvoll. Die einzelnen Bewegungen sollten auch sehr unterschiedlich sein, sonst gibt es beim Erinnern ein heftiges Durcheinander. Wenn Sie einmal den linken Arm schwenken, dann den rechten Arm und schließlich noch mal die linke Hand, so ergeben diese Bewegungen keine deutlich zu unterscheidenden inneren Bilder.

Kurze Vorbereitungszeit Sie sehen: Die Methode erfordert so gut wie keine Vorbereitung. Und Sie können sich auf dem Weg zur Arbeit, im Auto oder in der Bahn immer neue Varianten überlegen oder sie aus dem Stegreif einsetzen. Denn die Inhalte, also die Begriffe, haben Sie ja schon parat – nämlich den Stoff, den Sie vermitteln wollen. Sie müssen sich nur entsprechende Bewegungen ausdenken und die Begriffe auf ein Flipchart schreiben.

Einsatz in Seminaren für Trainer oder Lehrer
In Seminaren für Trainer oder Lehrer stelle ich die Methode als „Lerntechnik" vor. Zunächst übe ich sie mit allen Teilnehmern, dann bilden die Teilnehmer Arbeitsgruppen und entwickeln selbst ein Beispiel zu einem Thema, das sie unterrichten oder trainieren. Dieses wird anschließend im ganzen Plenum vorgeführt.

Weil es darum geht, diese Methode als Methode zu lernen, „nörgele" ich hier ausnahmsweise an den Ergebnissen herum und entwickele mit allen gemeinsam Alternativen. Denn oft verfallen die Teilnehmer in den „Fehler", dass sie einfach pantomimisch darstellen, was gelernt werden soll. Aber das ist nicht der Sinn der Übung. Vielmehr geht es darum, möglichst verrückte, abstruse, merk-würdige (des Merkens würdige!) innere Bilder zu erzeugen. Diese werden eher und besser behalten als „normale" alltägliche Bilder.

Innere Bilder erzeugen

Das heißt, es geht darum, Bewegungen zu erfinden, die den zu merkenden Begriff möglichst verfremden. Bei abstrakten Themen ist das leichter – da jede Bewegung schon eine Übertragung ist. Aber bei konkreten Themen besteht die Gefahr, sie einfach pantomimisch darzustellen.

Einsatz in Firmen

Geht es nicht darum, etwas auswendig zu lernen (aber auch das kann in Firmenseminaren vorkommen), nutze ich das Bewegungs-Lernen als Energieaufbauübung. Ein „Trick", um auch eventuell spielungewohnte Teilnehmer dazu zu animieren, sich zu bewegen, ist, die Spiele mit dem Seminarthema in Verbindung zu bringen. Das erhöht die Akzeptanz deutlich. Wenn dann die Spielfreude einmal geweckt ist, können Sie sogar alberne Spiele zur Auflockerung einsetzen. – Nun möchte ich Ihnen einige Beispiele vorstellen.

Energieaufbauübung

Beispiele für Trainer: Motivatoren
(nach Alexander Christiani)

selbst in Aktion sein	Laufbewegungen mit angewinkelten Armen
Vorbildern zuschauen	Bilderrahmen mit Zeigefinger der rechten und linken Hand zeichnen
vergangene Ereignisse	sich nach hinten drehen und schauen, ohne die Füße zu verstellen
Zukunftsperspektive	beide Arme nach vorne strecken mit offenen Händen
Identifikation mit dem Sinn der Aufgabe	beide Hände auf den Kopf legen
Wohlgefühl während des Ereignisses	sich selbst umarmen und hin und her wiegen
Wettkampf-/Rekordorientierung	Boxbewegungen
allein arbeiten	mit der einen Hand auf sich zeigen und einen Finger der anderen Hand hochhalten
Companionship	sich bei Nachbarn einhaken
äußere Faktoren	mit den Handflächen nach außen zeigen und Raum um sich herum abstecken
Anerkennung	sich selbst auf die Schulter klopfen
Herausforderung	Arme in die Hüfte stemmen, Bein vor, geschwellte Brust
gute Vorbereitung	mit Fingern abzählen, 1., 2., 3.

Beispiele aus dem Bereich Marketing
© Zamyat M. Klein

Kompetenz-Schwerpunkt	Muckis zeigen oder Boxbewegungen
Ziele formulieren	Schütze
Positionierung (USP)	sich deutlich auf einen Platz stellen und mit dem Finger auf sich selber zeigen
Stallgeruch: der Zielgruppe vertraut sein	Nase zuhalten
guter Draht (Überzeugungen auslösen)	Fingerspitze an die Fingerspitze des Nachbarn legen
Gefühle auslösen	Hand aufs Herz
Unterhaltungswert (Sprache)	Herumtanzen oder Grimasse ziehen
Aktiv-Formulierungen nutzen	joggen
bildhaften Sprachstil verwenden	Bilderrahmen mit Fingern
positive Inhalte	Arme strahlend ausbreiten
bestätigende Inhalte	sich auf die Schulter klopfen

Beispiele aus den Bereichen Zeit- und Selbstmanagement

Pareto-Prinzip	
20 Prozent bewirken	in die Knie gehen
80 Prozent vom Ergebnis	aufrichten
ABC-Analyse	Kinder-Zeichensprache
A-Aufgaben: drängende Probleme	Drängelbewegungen mit Ellenbogen
B-Aufgaben: langfristige Planungen	mit der rechten Hand nach vorne zeigen, linke Hand übers Auge
C-Aufgaben: Anrufe, Post etc.	telefonieren
D-Aufgaben: Papierkorb	etwas über die Schulter schmeißen
ALPEN-Methode	Kletter-Bewegungen
Aufgaben auflisten	1., 2., 3. mit Fingern aufzählen
Länge der Aktivität bestimmen	Arme weit auseinander
Pufferzeiten einplanen	Boxbewegungen
Entscheidungen über Prioritäten	Finger an Kopf legen, Denkposition einnehmen
Nachkontrolle	nach hinten drehen
Verschiedenes	
Störfaktoren beseitigen	um sich schlagen, abwehren

Zeitdiebe stoppen	gebückt schleichen, Uhr überm Rücken
Aktivitäten-Checkliste	Häkchen in die Luft malen (oder auf den Rücken vom Nachbarn)
Mind-Map	Arme in alle Richtungen ausstrecken
Ziele formulieren	Bogenschütze
Werte und Visionen	Hand aufs Herz und dann Hand übers Auge und in die Ferne schauen

Sprüche

In der Ruhe liegt die Kraft	Augen zu, schlapp nach hinten hängen, dann Muckis zeigen
Auch die längste Reise beginnt mit dem ersten Schritt	in die Ferne schauen und zeigen, einen Schritt tun
Morgenstund hat Gold im Mund	mit vollem Mund kauen
Wenn du es eilig hast, gehe langsam	durch den Raum rasen, dann langsam schleichen

Das Thema „Lob und Anerkennung"

In einer Elektronikfirma sollte ich 18 Ingenieuren die Bedeutung guter geschäftlicher Kontakte vermitteln, auf der Grundlage des Buches von Dale Carnegie: „Wie man Freunde gewinnt". Nachdem ich mich von dem ersten Schock erholt – bis dahin hatte ich Carnegies Buch „Sorge dich nicht, lebe!" naserümpfend und voller Vorurteile betrachtet – und das Buch gelesen hatte, fand ich seine Thesen zumindest bedenkenswert.

Ich habe daraufhin bewusst darauf geachtet, wie oft wir Menschen kritisieren und wie oft wir Anerkennung geben. Das Ergebnis war erschreckend: Unser Augenmerk liegt mehr auf dem, was nicht funktioniert, wo es klemmt, wo jemand einen Fehler macht. Und das artikulieren wir zumeist auch recht hemmungslos. Funktioniert hingegen etwas gut und reibungslos, wird es nicht wahrgenommen und erst recht nicht lobend oder anerkennend erwähnt. Hinzu kommt: Lob zu empfangen, ist für manche peinlich. Oft schränken die Gelobten es sofort ein: „Ach, das war doch nicht der Rede wert!"

So kam ich zu dem Schluss: Das Thema „Lob und Anerkennung" muss nach vorne gebracht werden! Dazu habe ich mir dann einige Begriffe überlegt, deren Anfangsbuchstaben das Akronym „Kawil Namzis" ergeben. Das klingt für mich fast wie ein arabischer Name – und so war die nächste Idee geboren: Ehe ich in dem Seminar in der Elektronikfirma auf das Thema „Beziehungsmanagement" einging, als die Trainerin „Zamyat" auftrat und den Teilnehmern etwas von und über Dale Carnegie erzählte, erschien ich als „Kawil Namzis".

Mithilfe meiner Begriffe und der entsprechenden Bewegungen veranschaulichte ich meinen Teilnehmern, wie Sie „Freunde gewinnen" können – oder neue Geschäftspartner. So ging dem Bewegungs-Lernen ein Sketch voraus, in dem ich als Kawil verkleidet diese Prinzipien erläuterte. Danach war das Bewegungs-Lernen ein Kinderspiel – und Kawil blieb in aller Munde, auch bis zum Follow-up-Seminar.

Hier also die Begriffe und Bewegungen der **KAWIL NAMZIS**:

Keine Kritik: nicht kritisieren, verurteilen und klagen	Mund zuhalten
Anerkennung: ehrliche und aufrichtige Anerkennung	Nachbarn auf Schulter klopfen
Wünsche wecken	linke Hand aufs Herz legen, rechte Hand nach vorne öffnen
Interesse am anderen: aufrichtig für den anderen interessieren	ganz nah an den anderen herangehen

erster Eindruck: **L**ächeln: Der erste Eindruck ist entscheidend	übertrieben grinsen
NAMen: Namen der Menschen merken	sich an die Stirn schlagen
Zuhören: guter Zuhörer sein, andere ermuntern, von sich zu sprechen	Hand hinters Ohr halten
von den **I**nteressen des anderen sprechen	mit Händen auf und zu klappen (Ente)
Selbstwertgefühl bestärken: Lob und Anerkennung	Arm und Faust des Nachbarn wie bei Siegerehrung hochheben

Autoren

Vorbemerkung: Alle Autorinnen und Autoren sind Mitglieder in der DGSL.

Christian Albert, M. A.

DGSL-anerkannter Suggestopäde
Tätigkeitsschwerpunkte: suggestopädischer Unterricht in Deutsch und Latein, in Zusammenarbeit mit der Yogaschule Nordbayern
Kontakt: Gymnasium Fridericianum, Sebaldusstraße 37, 91058 Erlangen, Tel.: 09131/34106, AlbertusMagister@aol.com

Ingrid Assmann

Erste Vorsitzende DGSL, DGSL-anerkannte Ausbildungstrainerin für Suggestopädie
Tätigkeitsschwerpunkte: Erwachsenenbildung, eigenes Sprachstudio
Kontakt: MoCap teacher training institute, Alte Poststr. 37, 85356 Freising, Tel.: 0861/67890, www.ingrid-assmann.de

Edi Bauer

DGSL-anerkannter Suggestopäde
Tätigkeitsschwerpunkte: selbstständiger EDV-Trainer, Buchautor für EDV-Bücher; EDV-Training, Anwendungsentwicklung; Methodenwexel – Train-the-Trainer-Seminare; Entwicklung und Vertrieb von Schulungsmaterial
Kontakt: Stadtplatz 23, 94227 Zwiesel, info@edibauer.de, www.methodenwexel.de

Susanne Beermann

DGSL-anerkannte Suggestopädin
Tätigkeitsschwerpunkte: freiberufliche EDV-Trainerin, Verlagsberaterin, Autorin; EDV-Training & Verlagsberatung
Kontakt: Leharstraße 5, 86179 Augsburg, info@susanne-beermann.de, www.susanne-beermann.de

Karen Blümcke, Dipl.-Sozialpädagogin

DGSL-anerkannte Suggestopädin

Tätigkeitsschwerpunkte: Trainerin, Supervisorin (DGSv*), Moderatorin, Projektentwicklerin; Training: Projektmanagement, Moderations- und Visualisierungstechniken, Ziel-, Zeit- und Selbstmanagement; Beratung
Kontakt: PERSPEKTIV*wechsel* – Institut für Bildung und Beratung, Germanenstr. 41, 42277 Wuppertal, Tel.: 0202/870936-26, www.perspektiv-wechsel.de

Kathleen Brandhofer-Bryan, M. A.

DGSL- und IAL-anerkannte Ausbildungstrainerin der Suggestopädie
Tätigkeitsschwerpunkte: Trainerin/Coach/Supervisorin; Kommunikation, Präsentationstechniken, Suggestopädie, NLP, Lernstile, Lernspiele
Kontakt: AOC – Art of Communication, Barnhelmstr. 4, 14129 Berlin, Tel.: 030/8038494, info@aoc-training.de, www.aoc-training.de

Brigitte Calenge

DGSL-anerkannte Suggestopädin
Tätigkeitsschwerpunkte: Sprachtrainerin für Französisch, Methodiktrainerin, Gründerin von Kreaktives Seminardesign©
Kontakt: Vive Lebendiges Französisch, Matthias-Mayer-Str. 3, 81379 München, info@vive-sprachtraining.de, www.vive-sprachtraining.de

Verena Damm, M. A.

Grundausbildungen in Suggestopädie, Mitglied der Ausbildungskommission der DGSL
Tätigkeitsschwerpunkte: Weiterbildungslehrerin; Kommunikation, koordinierende Leitung Basistrainings DaZ, Landesprüferin Hessischer vhs-verband, Ausbildung von PrüferInnen für die WBT, Lehrbeauftragte Universität Mainz, Autorin, Workshopleiterin
Kontakt: Verena Damm c/o vhs Wiesbaden, Alcide-de-Gasperi-Str. 4, 65197 Wiesbaden, vdamm@vhs-wiesbaden.de

Susanne Daum

Ausbildungstrainerin DGSL
Tätigkeitsschwerpunkte: Erwachsenenbildung, Weiterbildung von LehrerInnen/TrainerInnen; Suggestopädie; Methodik; Englisch
Kontakt: Susanne Daum c/o vhs Wiesbaden, Alcide-de-Gasperi-Str. 4, 65197 Wiesbaden, vdamm@vhs-wiesbaden.de

Dr. phil. Dorothea Driever-Fehl

Lehrtrainerin in Accelerated Learning

Tätigkeitsschwerpunkte: Training, Konzeptberatung, Autorin; Training zu Motivation, Kommunikation, Konzeptberatung für Trainer, Train the Trainer (in AL)

Kontakt: plus motivation, Schweinheimer Straße 36, 51067 Köln, Tel.: 0221/96908 14, info@plus-motivation.de, www.plus-motivation.de

Claudia Feichtenberger, Mag. phil.

DGSL-zertifizierte Suggestopädin und Ausbildungstrainerin für Suggestopädie (DGSL), Mitglied der DGSL-Ausbildungskommission

Tätigkeitsschwerpunkte: Leitung von brainbox® Training, Coach, Autorin, Trainerin; Ausbildung von SuggestopädInnen, Course Design, Lerntraining, Arbeitstechniken, Coaching, PhotoReading®

Kontakt: Kugelberg 82, 8111 Judendorf-Straßengel bei Graz/Österreich, Tel.: 0043/3124/51183, office@brainbox.at; www.brainbox.at

Dr. Sc. Nat. ETH ZH Marisa Frangipane

DGSL-anerkannte Suggestopädin

Tätigkeitsschwerpunkte: Trainerin/Beraterin; suggestopädische Kurse in Italienisch, EDV-Kurse, Selbstmanagement und Kommunikation mit NLP, Präsentationsseminare

Kontakt: FRANGIPANE – Training intensiv und individuell, Weidenpescher Str. 27, 50735 Köln, Tel.: 0221/5107713, frangipane@t-online.de, www.frangipane.de

Werner Groh

Suggestopäde & Suggestopädie-Ausbildungstrainer (DGSL)

Tätigkeitsschwerpunkte: Projektleiter im Bildungswesen der BASF AG, nebenberuflich selbstständig; Suggestopädie-Zertifikatsausbildungen, suggestopädische EDV-Seminare, Methodik- und Didaktik-Workshops, H.D.I.-Workshops, Teamtraining, E-Learning

Kontakt: GROCODIL, Groh Consulting Didactic Learningsolutions, Woogstr. 12, 67117 Limburgerhof, Tel.: 06236/465135, info@grocodil.de, www.grocodil.de

Claudia Grötzebach, M. A.

DGSL-anerkannte Suggestopädin

Tätigkeitsschwerpunkte: Trainerin / Beraterin, freie Autorin; Rhetorik, Führung, Marketing, Interkulturelles (China)

Kontakt: Agentur für Image und Placement (A.I.P.), Hauptstraße 389, 51465 Bergisch Gladbach, Tel.: 02202/33448, Groetzebach@t-online.de /@yahoo.de, www.a-i-p.de

Margit Hertlein

Tätigkeitsschwerpunkte: Studium der Ethnologie und Betriebswirtschaft, NLP, TA, Suggestopädie, TMS, Lachyoga, provokative Therapie, Improvisationstheater; Coach, Trainerin, leidenschaftliche Vortragsrednerin und Konzept-Expertin

Kontakt: Lerchenstr. 1, 91781 Weißenburg, Tel.: 09141/74848, margit.hertlein@t-online.de, www.margit-hertlein.de

Zamyat M. Klein

zertifizierte Suggestopädie-Lehrtrainerin

Tätigkeitsschwerpunkte: Trainerin, Coach, Autorin, Train the Trainer, Kreative Seminarmethoden, Trainer-Ausbildung, Kreativitätstechniken, Zeit- und Selbstmanagement

Kontakt: ZamyatSeminare, Breideneichen 4, 53797 Lohmar, Tel.: 02206/81767, info@zamyat-seminare.de, www.zamyat-seminare.de

Marcus Koch

Ausbildungstrainer in Suggestopädie

Tätigkeitsschwerpunkte: Trainer, Berater, Konzeptor; Business-Englisch / Kommunikation / Train the Trainer; Projekte: Coaching-Ausbildung, Personalentwicklung / Organisationsentwicklung, Coaching, Vertrieb, Marketing

Kontakt: CALL English, Im Feldchen 23, 60437 Frankfurt am Main, Tel.: 0177/5694965, marcuskoch65@aol.com, www.kochmarcus.de

Michaela Marx-Clément

Ausbildungstrainerin für Suggestopädie (DGSL)

Tätigkeitsschwerpunkte: firmeninterne Trainings und Beratung; Kommunikationsseminare und Fremdsprachentrainings; PhotoReading®

Kontakt: Würselener Str. 21, 50933 Köln, Tel.: 0221/512406, info@lernen-mit-spass.com

Barbara Messer

Bachelor of Business Administration

Tätigkeitsschwerpunkte: Trainerin, Fachautorin, NLP-Trainerin und Trainerin für ganzheitliches Lernen, Suggestopädin, DGSL-Vorstandsmitglied seit 2004; Trainerin im Gesundheitswesen

Kontakt: Hirtenstraße 20, 30974 Wennigsen, Tel.: 05103/704205

Dr. Ulrike Quast

Promotion in pädagogischer Psychologie; Zusatzausbildung u. a. in Suggestopädie

Tätigkeitsschwerpunkte: freiberufliche Dozentin, Lehrer- und Trainerfortbildung, publizistische Tätigkeit; Sprachenausbildung, Stressmanagement, Lernpsychologie, neue Methoden des Lehrens und Lernens, Musik in Pädagogik und Therapie

Kontakt: www.ulrike-quast.de

Dr. Katja Riedel, Dipl. Päd.

Promotion über Suggestopädie, DGSL-anerkannte Suggestopädietrainerin

Tätigkeitsschwerpunkte: Trainerin, Instrumentallehrerin, Astrologin; gehirngerechtes Lernen, frühkindliche Förderung, Elternarbeit, klassische Musik, Beratung, Astrologie

Kontakt: ILISA – Intensives Lernen in spielerischer Atmosphäre, Maria-Rupp-Weg 39, 72762 Reutlingen, Tel.: 07121/21264, suggestopaedie@ilisa.de, www.ilisa.de

Monika Schubach

Tätigkeitsschwerpunkte: Lehrerin für Informatik, EDV-Trainerin; Schulung von Anwendungssoftware, Web-Design/Web-Programmierung, Informatik/Gymnasium

Kontakt: König-Rudolf-Str. 103 a, 87600 Kaufbeuren, monika.schubach@dgsl.de

Brigitte Schwitalla

Diplom-Übersetzerin, DGSL-Ausbildungstrainerin für Suggestopädie

Tätigkeitsschwerpunkte: Übersetzerin, Trainerin/Coach/Beraterin; firmeninterne Intensivseminare Englisch, Methodentrainings und Ausbildung in Suggestopädie

Kontakt: Sinit – Suggestopädisches Institut für Intensivtraining, Modemannstrasse 9, 51065 Köln, Tel.: 0221/1391454, sinit@t-online.de, www.sinit-seminare.de

Rainer Alexander Spallek, Diplom-Sozialwissenschaftler

Tätigkeitsschwerpunkte: freiberuflicher Dozent, Referent und Seminar-
leiter; Deutsch als Fremdsprache, Alphabetisierung, berufliche
(Neu-)Orientierung, Selbstkompetenz, Reisen und politische Bildung,
Rechnungswesen, Journalismus
Kontakt: Gneisenaustraße 282, 47057 Duisburg,
info@lernen-und-leben.de, www.lernen-und-leben.de

Marie Josée Whisell van Deventer BA (Hons)

DGSL-anerkannte Suggestopädin
Tätigkeitsschwerpunkte: Trainerin, Eigentümerin einer Sprachenschule;
Englischtraining, Spiele und Lehrmaterialentwicklung
Kontakt: www.whisell.de

Erich Ziegler

Suggestopädie-Ausbildung
Tätigkeitsschwerpunkte: Trainer in der Erwachsenenbildung;
Kommunikation, Konflikt-Moderation, Teamentwicklung,
Train the Trainer, Spiele in Trainings
Kontakt: Hebbelstr. 52 b, 50968 Köln, Tel.: 0221/800 45 85,
erich.ziegler@koeln.de

Literaturverzeichnis

Ackermann, R.; Gebhard, F.; Molzahn, R.: Kreativ lehren und lernen. GABAL 1995

Bastian, H. G.: Musik(erziehung) und ihre Wirkung. Schott Musik International 2000

Brink, O.: Vitamine für die Seele. Peter Hammer-Verlag 1999

Bröhm-Offermann, B.: Suggestopädie: Sanftes Lernen in der Schule. AOL Verlag 1994

Broich, J.: Anwärmspiele. Maternus Verlag 2005

Damasio, A. R.: Descartes' Irrtum. Fühlen, Denken und das menschliche Gehirn. List 2004

Decker-Voigt, H.-H.: Aus der Seele gespielt – Eine Einführung in die Musiktherapie. Goldmann Verlag 1991

Gardner, H.: Frames of Mind. The Theory of Multiple Intelligences. Basic Books. New York 1985 (Übersetzung: Abschied vom IQ. Die Theorie der multiplen Intelligenzen. Klett-Cotta 1991)

Grinder, M.: NLP für Lehrer. Ein praxisorientiertes Arbeitsbuch. VAK 1991

Heitkämper, P. (Hrsg.): Mehr Lust auf Schule. Ein Handbuch für innovativen und gehirngerechten Unterricht. Junfermann Verlag 1995

Hertlein, M.: Mind Mapping – Die kreative Arbeitstechnik. Spielerisch lernen und organisieren. Rowohlt 2001

Hertlein, M.: Präsentieren – Vom Text zum Bild. Rowohlt 2003

Hubertus, P.; Döbert, M.: Ihr Kreuz ist die Schrift – Analphabetismus und Alphabetisierung in Deutschland. Ernst Klett Verlag 2000

Jacobson, E.: Entspannung als Therapie. Progressive Relaxation in Theorie und Praxis. Pfeiffer 1990

Kline, P.: Das alltägliche Genie – oder: Wie man sich in das Lernen (neu) verlieben kann. Junfermann Verlag 1995

Klippert, H.: Methoden-Training. Beltz 1998

Le Fevre, D. N.: Best of New Games. Verlag an der Ruhr 2002

Lehmann, D.: Zur Rolle der Musik in der Suggestopädie. Wissenschaftliche Berichte der Forschungsstelle für Mnemologie. Leipzig 1982, 2, S. 8–25

Lehmann, D.: Musik und Motivation. Musik-, Tanz- und Kunsttherapie. Leipzig 1992, 3, S. 81–86

Lozanov, G.: Suggestology and the Outlines of Suggestopedy. Gordon and Breach 1978

Lozanov, G.; Gateva, E.: Metodo suggestopedico per l' insegnamento delle lingue straniere. Bulzoni editore 1983

Lozanov, G.: Erfahrungen mit der Suggestologie und der Suggestopädie in Bulgarien. In: Neues Lernen Journal, 1/1985, S. 60–71

Merritt, S.: Die heilende Kraft der klassischen Musik. Kösel-Verlag 1998

Mohl, A.: Metaphern-Lernbuch. Junfermann-Verlag 1998

Monnet, C. (Hrsg.): Turbo-Workshops. ManagerSeminare Verlag 2005

Frangipane, M.: Superlearning für Ingenieure und andere Führungskräfte. VDI Verlag u. Springer Verlag 1993

Quast, U.: Phantasiereisen. Eintauchen in die Welt unserer Vorstellungen und Empfindungen. Verlag Peter Grohmann 2000

Quast, U.: Leichter Lernen mit Musik. Theoretische Prämissen und Anwendungsbeispiele für Lehrende und Lernende. Hans Huber 2005

Rachow, A. (Hrsg.): Spielbar. ManagerSeminare Verlag 2000

Riedel, K.: Suggestopädie in Ost und West. Schneider Verlag 2001

Rose, C.; Gill, M. J.; Monnet, C.; Linker, W. J.: TEP – Trainings- und Entwicklungsprogramm. Focus Marketing und mehr GmbH 1999

Schilling, G.: Seminar-Spiele. Gert Schilling Verlag 2005

Spitzer, M.: Lernen. Gehirnforschung und die Schule des Lebens. Spektrum Verlag 2003

Wagner, H.: Musik für lebendiges Lernen. PLS Verlag 1993

Wallenstein, G.: Spiele: Der Punkt auf dem I. Beltz 1995

Willms, H.: Musik und Entspannung. Gustav Fischer Verlag 1977

S Stichwortverzeichnis